DEDICATORIA

Le dedico este libro a todos aquellos que como yo han sufrido injusticias o humillaciones en la vida, a los que han sido violados, victimas de maltrato infantil, victimas de violencia de genero, discriminación y burla. También dedico este libro a los que día a día me han dado su apoyo en mis escritos, a mis lectores y amigos en general.

Sandra Lizette Lugo

NOTA DE AGRADECIMIENTO

Agradezco primeramente a Dios por todas las veces que extendió la mano para socorrerme dentro de toda la perversidad a la que estuve sometida y porque aún mantengo la fe. Agradezco a todas las personas que de alguna manera u otra me han brindado su ayuda. Agradezco a mi amigo Angel Manuel Herreros por el prólogo y su gran amistad. Agradezco a mi hermana Diana Lugo Morales por haber hecho el papel de madre de sus propios hermanos y por creer en mi talento para la poesía y darme ánimos para escribir. Agradezco a los que han querido causarme daño por enseñarme a ser mas cautelosa. Finalmente agradezco a la vida por hacerme cada vez mas fuerte.

Sandra Lizette Lugo

PRÓLOGO

La escritora y poetisa Sandra Lizette, nos describe en su libro, lo injusto que es en ocasiones el destino mismo. La vida no es que sea mala o injusta, el infierno lo creamos nosotros mismos, la gente. En este libro se diferencian perfectamente los valores humanos de las personas, el mal y el bien, creando una atmósfera, positiva o negativa, dependiendo de la parte en que nos encontremos. El personaje de esta obra, nos hace sentir el sufrimiento en la sangre, la agonía, el dolor y la soledad, que conlleva la injusticia, que produjo la maldad de otros corazones, que castigaron con maldad, sin mirar, que ellos también son humanos y no les hubiese gustado ser víctimas del infierno que desataron. Los escritos de Sandra Lisette, tanto en relatos, como en poesía, demuestran que es una gran escultora de las letras. En este libro, lo demuestra con creces. Lean su historia y se asombrarán.

Ángel Manuel Herreros.

INTRODUCCIÓN

La vida no es un valle de rosas. El camino siempre esta lleno de obstáculos que se interponen en el camino, y si no hay una mano que te ayude a levantar, te sentirás derrotada. Lo importante es sacar de nuestro interior la fuerza necesaria para no depender de la ayuda de nadie y poder levantarnos solos.

¿Suena muy bonito, verdad? En realidad no es tan fácil. Hay que ver la realidad de las diferentes situaciones. Primero que nada, sin dinero no eres nadie y mucho menos sin apoyo. Siempre necesitamos de alguien.

En este caso, la protagonista de esta historia verídica, se enfrenta a una vida de maltrato e injusticia, sin el apoyo de una familia. Susana ha pasado por la vida en lo que ella misma nombra," MI INFIERNO EN LA TIERRA", en un infierno que no termina.

¿Cual es su pecado? Haber nacido de una familia disfuncional, no haber tenido el apoyo necesario. Haber vivido abandonada por su madre, con un padre alcohólico y una abuela mal-tratante. No haber sido educada con amor. No haber recibido palabras de cariño, ni entusiasmo, ni una felicitación cuando hacia algo bueno, o por pasar de grado, ni tan siquiera por su cumpleaños, que era como si no importara. Nunca recibió un agradecimiento por ayudar en la casa. Pasó una vida de carencias, gritos, agresiones, maldiciones, amenazas.

¿Se me habrá escapado algo? Bueno era también una vida de rutina diaria y encierro donde solo salía de la casa a la escuela, mientras veía como los vecinos y otras personas llevaban a sus hijos a la playa y otros sitios y ella solo veía el mundo desde un televisor y en los libros de la escuela. Una niñez donde el derecho a los juguetes dependía de personas ajenas a la familia y los perdía al su padre destruirlos como una forma de castigo no merecido.

Tan solo Dios sabia lo difícil de su vida desde su infancia, aún desde el vientre de su madre donde recibió golpes antes de nacer. A través de los años la vida le dejó cicatrices tanto físicas como mentales que quedan allí como testigos mudos de su sufrimiento.

También la vida la llevó a cometer grandes errores por falta de opciones. Durante su adultez, allí estuvo dispuesta a ayudar a sus familiares en caso de ser necesitada, pero cuando era ella la necesitada nunca había alguien disponible.

Entre necesidades, soledad, injusticias y humillaciones transcurre su infierno en la Tierra.

MI INFIERNO EN LA TIERRA es el titulo adecuado para esta verídica historia.

CAPITULO 1

Susana es muy fantasiosa. El hecho de haber llevado una vida tan triste hace que imagine historias donde se convierte en princesa, vive en una gran mansión, es una persona adinerada que ayuda a los pobres y hasta vuela en un unicornio. Le gusta mucho escribir poesías.

Nacida de una familia disfuncional y conociendo la pobreza, su vida no ha sido fácil. Su padre fue un alcohólico. De niña recuerda sus peleas continuas. La parte mas triste era oír como amenazaba a su madre con matarla a machetazos.

Su madre quien tenía 5 hijos la abandonó junto a sus hermanos a la edad de 5 años. De su madre recuerda cuando la dejó en la escuela por primera vez y ya nunca volvió a verla hasta la edad de 17 años, pero de eso hablaré más tarde.

Finalmente Susana se crió con su padre, abuela paterna, y sus hermanos y hermanas. Eran tres niñas y dos niños con edades de 6, 5,3, 2 años de edad y el menor de solo 6 meses. Su padre bebía prácticamente a diario y su método disciplinario era maltrato mediante agresión física y verbal. Agredía a sus hijos con una correa y los amenazaba con cortarlos en pedazos con un machete. Además se pasaba maldiciendo a Dios todo el día.

Por otro lado la abuela se la pasaba llamando a Susana con malos nombres y también la agredía a tal punto que hasta utilizaba zapatos para pegarle. Tan fué así que hasta le hizo sangrar por la naríz de un manotazo en una ocasión, y en otra ocasión le hizo sangrar de un hombro con sus propias uñas, dejando un recuerdo que permanece en una cicatriz.

Su hermana menor Olivia quien fuera la consentida, hacía de las suyas y luego iba donde la abuela culpando a Susana de todo y por supuesto esta recibía todo el castigo. Susana era la que siempre era castigada por todo aún siendo inocente. Aún fue víctima de bulin de su hermana menor quien se aprovechaba de ser la consentida.

Durante su niñez nunca supo lo que era una familia normal, ni lo que era amor, pues todo se resolvía con amenazas y golpes, siendo burlada aún por su propia abuela y así fue creciendo en un mundo hostíl.

En realidad Susana no recuerda nada bonito de su niñez. Recuerda cuando su padre decía que iba a matar a su madre con un machete, cuando lanzaba los muebles y enseres eléctricos al patio, cuando arrojaba sus muñecas al techo de la casa y cuando maldecía a Dios a cada momento y decía que tenía un pacto con satanás y que le había entregado el alma de todos sus hijos. En cambio disfrutaba cuando barrían el techo y caían partes de sus muñecas para poder jugar con una cabeza de muñeca que colocaba en un palo de escoba.

El patrón de maltrato al que se vió sometida en su niñez le fue causando problemas de nervios y fobia social. En consecuencia el miedo a personas desconocidas la hacía ocultarse bajo la cama cuando llegaba visita. Fue recetada con pastillas para los nervios.

A los 12 años de edad estaba tan deprimida que ya no deseando vivir, trato de suicidarse al consumir 25 pastillas para los nervios. Estando ya con síntomas de intoxicación confesó lo que había hecho a su abuela. Esta le introdujo el dedo en la boca causándole el vómito. Luego le dio 2 tazas de leche tibia. Guardó el secreto y no la llevó a un hospital. Su vida continuaba sin cambios siempre igual.

Acostumbrada a las labores domésticas diarias como lavar los platos, barrer el patio y hacer café, no sabía lo que era el mundo fuera de la casa, de donde solo salía para la escuela. Tenía los minutos contados para llegar a su casa, porque de lo contrario recibía una buena tunda de azotes con la correa por parte de su padre. Su corta vida era una rutina diaria.

Su hermana Dalila muchas veces cocinaba. Susana siempre andaba detrás de ella, era como su sombra. Lamentablemente ocurrieron cosas tan terribles en esta familia que es preferible omitir algunas cosas. El caso es que Dalila fue removida de la casa, cosa que aumentó aún más la pena que sentía Susana.

La adolescencia de Susana transcurrió tristemente dentro de las paredes de aquella casa que parecía maldita. Desde los trece años hasta los 16 de donde solo salía para la escuela y era humillada y maltratada prácticamente a diario, tanto verbal como físicamente.

Su hermana Olivia era la consentida que nunca recibía castigo mientras Susana era la fea de la familia. Aun Olivia le decía que era fea y se pasaba molestándola.

Susana era una chica blanca de cabello rojizo, de estatura normal para su edad y pecas en el rostro, mientras su hermana Olivia era blanca y de cabello rubio castaño.

Wilberto, su hermano menor era el consentido de los varones. A el siempre le daban lo que pedía y si no lo tenían lo conseguían de alguna forma. Los demás no importaba lo que quisieran.

Wilberto a los doce años ya utilizaba marihuana. Fumaba dentro de la casa como si fuera algo muy normal sin siquiera recibir un regaño.

Susana, aún recuerda que pedía de regalo de reyes una crema para borrar sus pecas debido a las burlas que recibía tanto en la casa como en la escuela. Aún su abuela se burlaba llamándola pinta como si fuese algún animal. También la llamaba la boba.

El caso es que al fin y al cabo la navidad siempre le traía de regalo 3 piezas de ropa interior, mientras que a sus hermanos le compraban diferentes cosas. El mejor regalo era siempre para Wilberto al que le gastaban una cantidad de dinero que sobrepasaba todos los regalos de los demás juntos. Aún recuerda la guitarra real que le regalaron a Wilberto para una Navidad. Realmente el único alegre por sus obsequios era él y seguramente su hermana Olivia.

Al llegar a los 16 años Susana y su hermana Olivia de 14 pero con más experiencia en algunas cosas que Susana por la falta de supervisión de su abuela y mas libertad conferida, se fugaron una noche de la casa mientras su abuela dormía. Su hermana Olivia planificó todo, ya que ella había salido de la casa a escondidas anteriormente y conocía algunos adultos de los llamados degenerados. Esos que no les importa si son menores para hacer sus porquerías. Esa noche mientras todos dormían Susana y Olivia salieron de puntillas y sin hacer ruido.

Se encontraron con dos hombres adultos y terminaron en un motel. Llegaron a un motel donde Susana quedó en un cuarto con un desconocido, mientras su hermana Olivia estuvo en otro cuarto al lado del de Susana. Susana pasó la noche siendo perseguida por este sujeto desnudo toda la noche. Menos mal que no logró su cometido. En cambio Olivia estuvo con otro señor mayor que vivia en concubinato con una mujer de su edad.

Al llegar la tarde Olivia al no saber para donde ir decidió que debíamos volver a la casa. Para esto fueron a un cuartel de policía cercano. Allí le contó a la policía que era maltratada por su abuela y que no quería volver a la casa. La policía avisó al cuartel mas cercano a la casa´, del cual pusieron a su abuela al teléfono y le pidieron a Susana hablar con ella. Las primeras palabras de su abuela fueron, "espera que llegues para que veas lo que te va a pasar." Susana aterrada le dijo lo sucedido al policía el cual le advirtió a la abuela que no se atreviese a agredir a Susana.

Volvieron a la casa. A Olivia la casaron con este señor mayor que tendría como 30 años o más e incluso convivía con una mujer, pero ella en su casa y el en la de el. No sé que clase de solución fue esa.

A Susana le preguntaron si había estado con este señor a lo que dijo que no. La abuela que nunca quiso que sus nietos estuvieran nuevamente con su madre, pensó que este era el momento adecuado para mandar a este estorbo llamado Susana fuera del país con esa madre que no veía hacia 11 años.

A Susana le daba lo mismo, al fin y al cabo lo de ella nunca se pudo llamar familia, ni se le enseñó lo que era cariño o amor. ¿Como extrañar a una familia que solo la había hecho sufrir? Por el contrario sentía que era un pájaro liberado de su jaula, en busca de un lugar diferente donde tal vez conocería lo que era amor.

Volver a ver esa madre que deseó tener de pequeña, la que extraño en las actividades de la escuela y donde los demás niños iban con sus padres. Todos con su madre, menos ella y mucho menos su padre que siempre anduvo borracho, maldiciendo, amenazando y algunos otros tristes recuerdos que Susana desea callar.

Llegó el día en que por primera vez abordaría un avión. Durante el viaje tuvo nauseas y no pudo contener el vomito. En el aeropuerto la esperaba su madre con alguien que ella pensaba que era un tío. Al fin y al cabo no conocía la vida de su madre y ni siquiera sabia que tenia otra hija, una niña de cinco años.

Saludó a su madre con un beso y también a el esposo de su madre de quien pensaba era su tío. Acto seguido se fueron a la casa donde todo era muy diferente de lo que ella pensaba.

Como todo al principio muy bien. Su madre le regaló un pantalón corto. Regalo que al final su propia madre terminó rompiendo y hechandolo al zafacón. Susana se sorprendió de saber que aún su madre era capaz de romper alguna de sus cosas y no entendía el por qué.

Su vida comenzó como una rutina más. Su madre se iba a trabajar todos los días dejando su hija menor al cuidado de Susana. Le daba instrucciones de cocinar y limpiar la casa. Ni siquiera se molestó en preguntarle si sabía cocinar. Aparte de eso la mandaba a la tienda. todos los días a comprar cigarrillos y al llegar del trabajo le pedía que le buscara su ropa y luego de bañarse que le untara crema en todo el cuerpo

Tal pareciera que Susana había ido a vivir con su madre para ser su empleada domestica, aunque sin paga. Pues Susana decidió obedecer y hacer las labores encomendadas.

La primera vez que hizo un arroz le quedo muy blandito y por miedo botó el arroz en el inodoro y cocinó otro arroz que si le quedó bien.

En una ocasión su madre la envió a comprar cigarrillos a la tienda y Susana no quería ir. Su madre prácticamente la obligó. Al regresar de la tienda su madre le ofreció un cigarrillo a lo que ella le respondió que no fumaba. Su madre insistió diciéndole que ella era su madre y que podía fumar. Susana agarró el cigarrillo y comenzó a fumar. La vecina le dijo que por qué fumaba y Susana guardó silencio. Al no estar acostumbrada a fumar apagó el cigarrillo, pero su madre a modo de insistencia le dejaba varios cigarrillos encima del gavetero diariamente. Como era de esperarse, Susana adquirió el habito de fumar. Ella piensa que su madre lo hizo para que ella no se negara a ir a la tienda a comprar cigarros. Por supuesto que al ella ser fumadora también ansiaría ir a la tienda a comprar cigarrillos.

Su madre también se pasaba hablándole de el dueño de aquella tienda. Le decía que era un buen partido y que tenía dinero, como queriendo meterse-lo por los ojos. Esta señora no conocía a su hija, ni sabia que a ella el dinero no le interesaba en lo más mínimo. Se había criado careciendo de muchas cosas materiales, libertad y sobre todo amor.

Con el tiempo Susana quiso conocer a los jóvenes vecinos que la invitaban a hablar y se iba a la calle con ellos y para no dejar sola a su hermanita la llevaba con ella. También había un hombre que pasaba por allí y quería estar con ella. Ella se dejó seducir sin saber que este era un hombre casado y conocido de su madre. Cuando ella se enteró salio de su trabajo acompañada de un hermano el cual arrastro a Susana por la calle. Susana tenia los nervios alterados y estaba temblorosa. Su madre no encontró mas solución que agredirla con una cartera.

Su madre tenia problemas con su pareja de la cual se había separado y había dado instrucciones de no dejarlo entrar a la casa, pero la hija de 5 años le abría la puerta en cuanto el llegaba. Por supuesto que Susana pagaba los platos rotos. Incluso su madre había llamado a su abuela en Puerto Rico y le había dicho que Susana se había acostado con el esposo de ella, cosa que era totalmente falsa. Incluso informó a la abuela que también se había acostado con el esposo de su tía Adalia, cosa que tampoco era cierta. Hasta el sol de hoy nadie ha aclarado la situación. Es triste que piensen algo que realmente nunca sucedió.

Por supuesto que su madre que también se llamaba Olivia planificó devolver a Susana a su país. Lo que ella no sabía era que en una ocasión en que el entró en la casa porque su hija abrió la puerta, este señor que había consumido alguna bebida alcohólica, le confesó a Susana que por culpa de Olivia estarlo celando de ella, era que él se estaba comportando así. Susana ha cometido errores en su vida pero nunca se fijaría en la pareja de su madre o de alguna tía o familiar.

El caso es que finalmente Olivia envió a Susana de regreso a su país. Como siempre Susana era acusada injustamente de cosas no ciertas. Si cierto era que había cometidos algunos errores eso no le daba derecho a nadie a decir cosas falsas en su contra y menos a su propia madre.

De regreso con su abuela las cosas empeoraron y Susana quería tener la libertad que nunca le habían dado y decidió tomarla por su cuenta. Se iba a la calle sin permiso e ingería bebidas alcohólicas que le daban. En una ocasión fue violada por 4 sujetos que la forzaron a entrar en un vehículo y la agredieron a puños. Después la dejaron en un lugar desierto y ella no sabía donde estaba. Tanto estuvo hasta que encontró el camino por un río cercano a su casa. No se sabe como su abuela se enteró de lo sucedido, pero al preguntarle que le había pasado Susana dijo que nada.

En una ocasión su abuela, que se llamaba Emenegilda se paró en la salida del balcón con las piernas y los brazos extendidos para que Susana no se fuera. Susana brincó por la baranda del balcón sin decir palabra. Lamentablemente Emenegilda se confabuló con una vecina que era sobrina suya y acusó a Susana en la corte de menores de haberla agredido, cosa que tampoco era cierta. Terminó acusada de haber mordido, abofeteado y pellizcado a su abuela. Como pueden ver la vida de Susana esta llena de acusaciones falsas en su contra e injusticias.

Esto solo era parte del principio de su infierno en la Tierra. Un infierno en el que hubiera preferido nunca haber nacido. Rodeada de injusticia, falta de apoyo y cariño, era perfectamente normal que cometiera grandes errores en su vida.

CAPITULO 2

Como Susana ni se había enterado que tenía que asistir a la corte de menores hasta ese mismo día, se fué tarde a la corte de menores y eso le costó un desacato. Todo había sido planificado para que ella fuera a una institución de menores. Luego fue citada a la corte nuevamente acusada como una criminal por un delito que no había cometido. Nunca se le habría ocurrido agredir a su abuela. Pero allí estaba. Terminó en un hogar juvenil de detención a donde van por primera vez las acusadas de algún delito.

Allí estuvo encerrada unos 3 meses. Era un edificio viejo con habitaciones donde dormían encerradas y hacían una tarea diaria. y luego salio para el lugar donde purgaría su condena

El lugar era una especie de complejo de viviendas, donde al llegar todas eran recibidas la primera semana, tenían que quedarse en una casa aparte de las demás. Había una especie de escuela donde proseguían sus estudios escolares, comedor y una oficina de personal.

Al llegar te hacían pruebas de dopaje y tenías que orinar delante de una encargada. Para bañarte tenías que hacer turno a las 6 a bañarte en cuestión de menos de 5 minutos. También habían unas chorreras en el patio. Por supuesto que tenía un portón con candado y un guardia en la entrada. Para dormir a las 9 pm te cerraban con candado en una habitación. Si querías ir al baño tenías que gritar para que te abrieran la puerta y poder ir rápidamente,

El recibimiento de Susana fué que al llegar a la casita, una encargada le pidió aguantar la puerta sin alguna explicación. Susana aguantó la puerta y esta se abrió de cantazo sacándola de sitio. Era una niña de 15 años, paciente de salud mental, la cual le dió una patada que la dejó marcada con un gran moretón en su muslo derecho por varias semanas.

Allí pasaban cosas terribles. Muchachas problemáticas que trataban de escapar amenazaban a algunas con arrojar una plancha o cortarle la cara con un pedazo de espejo. La vida allí fué terrible.

Despidieron a los jardineros prácticamente poco antes de Susana ingresar a este lugar en el cual a las jóvenes se les encargó el trabajo de jardinería luego de la salida de clases que era a las 3 pm. Las jóvenes tenían que desyerbar a punta de machete desde las 3 pm hasta las 8pm para luego bañarse e ir a dormir. Susana tenia sus manos llenas de ampollas y así tenia que seguir desyerbando. La que se negara la encerraban. Un día ella rehusó desyerbar debido al gran ardor en sus manos. Era preferible estar encerrada.

Allí también hacían la prueba psicológica de inteligencia. Susana saco un IQ de 150 a pesar de que se hizo la tonta diciendo que no sabía algunas de las respuestas. La trabajadora social siempre le decía que no sabía por que ella estaba allí, porque ella bien podría estar en una universidad.

Bueno allí estuvo por unos 6 meses y luego pasó a un hogar de grupo donde convivió con un matrimonio y otras muchachas. Les daban la oportunidad de estudiar. En una ocasión le dieron un pase y se escapó. A ella la recogían en el cuartel de policía y ese día disimuló y se acercó a la puerta para luego salir corriendo. Estuvo en casa de una amiga durante el día hasta que se le ocurrió a su amiga la brillante idea de que Susana recogiera alguna ropa en la noche de su casa, mientras su familia dormía para irse con ella a trabajar en un parque de diversiones que viajaba por toda la isla.

Al acercarse a su casa su hermano Romualdo que tenia unos 14 años la atrapó. El caso fue que volvió a esa institución, en donde la recibieron en aislamiento. Esto no era otra cosa que un cuarto apartado de los demás donde no tendría sabana para arroparse, ni zapatos, ni nada, solo una bata para dormir en un colchón en el piso. Las hormigas le picaban todo el cuerpo.

Estuvo dos días en esa especie de celda de castigo. Las historias que a ella le habían contado de ese lugar eran espantosas. Supuestamente muchos años a tras unos pandilleros habían ayudado a fugarse a una muchachas, esperándolas del otro lado de la verja a caballo. A estas muchachas luego las encontraban muertas habiendo sido violadas y martirizadas por estos. Al salir de allí y entraron en un hogar de grupo tuvo la oportunidad de estudiar algo. Susana comenzó a estudiar oficinista dactilografa. Trabajaba algunas horas en la tarde. Ella logro terminar su escuela superior por medio de un examen GED. El caso es que su suerte no era buena y en este colegio había que pagar. El gobierno pagaba por sus estudios y tan solo faltando 2 meses para obtener su diploma se acabaron esos fondos y ella no terminó esos estudios por falta de ayuda.

En ese hogar de grupo cumplió sus 18 años y por primera vez se le celebraba un cumpleaños. Una cocinera del hogar compadecida le hizo un bizcocho y les indicó a sus compañeras cantar feliz cumpleaños. Ella ni siquiera sabia que para los efectos de ley ya era mayor de edad y no tenía por que estar retenida allí. Tenia una cita para el seguimiento de su caso en el tribunal 5 meses después. El juez preguntó que por qué ella estuvo confinada si ya había cumplido los 18 años. Como ven la justicia es ciega.

Salió libre y volvió a su casa. Allí no duro mucho tiempo se fugó de su casa también. Ya su vida no era nada normal. Era como si buscara el hogar que nunca tuvo en cualquier otro lugar. Cometió muchos errores por falta de apoyo y finalmente mientras vivía en la casa de una amiga que conoció por casualidad, conoció a su primer esposo César, en un negocio de bebidas en donde a veces iba a conversar con una loquita amiga que tenia. El problema fue que este hombre ya tenia problemas de alcoholismo.

En el lugar donde vivía con una amiga de repente parece que ya le molestaba su presencia. Debió ser por las comparaciones que hacia la madre de esa chica a la cual Susana le caía muy bien. Aparte de eso Cesar, el novio de Susana les llevaba comestibles y la madre de la amiga también hizo comparaciones de que el novio de su hija aparte de ser un vago no aportaba nada. El caso es que su amiga terminó botándola de su casa. Alegando que ya no podía tenerla allí debido a que el novio se mudaría con ella pronto.

Susana le contó a César que se tenía que ir de esa casa. César habló con una tía que se llamaba Gladys para ver si la aceptaba en su casa en lo que el le conseguía otro lugar. Su tía Gladys la cual tenia dos niñas entre las edades de 9 y 10 años y no tenia pareja accedió.

César le contaba a Susana los problemas que tenía en su casa y como su madre lo trataba mal y le decía que el no era su hijo y que se lo había encontrado en un zafacón. Le llamaba negro. También lo ponía a realizar labores domesticas de la casa.

César había comenzado a ingerir bebidas alcohólicas debido a sus problemas en la casa de su madre, la cual estaba separada de su padre. Esta señora parecía tener problemas mentales y tomaba medicamentos. En una ocasión César contó que su madre trato de cortarle el pene a su padre con una tijera mientras dormía por la madrugada y este despertó a tiempo. Luego de eso se separó de ella.

Mientras vivía en casa de tía Gladys como Susana le llamaba, César la visitaba a diario. Hasta que un día ya su tía nos informo que debíamos buscar donde mudarnos ya que sus hijas se sentían incomodas con nuestra presencia.

Un amigo de cesar que tenia un pequeño cuarto hecho de zinc y una letrina en el patio le prestó esta propiedad a César y Susana y se fueron a vivir allí. Por el día iban a cuidar unos pollitos de su padre, el cual tenia polleras. Susana cocinaba en la calle con una extensión eléctrica. Por la noche se bañaban a la intemperie con una manguera en el rancho entre la maleza y luego volvían a su cuartito.

Un día una perra que Susana había dejado que le siguiera y a la que le había cogido cariño destapó la olla de los espaguetis que Susana había hecho ese día y al Susana decirle a su esposo César, este reaccionó de una manera que ella no se esperaba.

Fué horrible, agarro un tubo de metal y golpeo al animal, el cual aún así le movía la colita. Así estuvo golpeando la perra mientras Susana le gritaba que no lo hiciera. No la dejó de golpear hasta que ya la perra estaba inmóvil. Había muerto.

El coraje de Susana era tan grande que decidió irse. Se fué a casa de su hermana menor Olivia que vivía en otro pueblo. Olivia se la pasaba con una amiga que le gustaba beber y salir con hombres. A su amiga no le importaba si Olivia comía o no. Susana se preocupaba por ella y trataba de que comiera pero solo lograba que Olivia se enojara con ella y le gritara. Susana se iba a la calle a ver si se entretenía y olvidaba de todo.

La casa estaba lejos del pueblo y Susana acostumbrada a aceptar el pon de personas desconocidas sin que nada malo sucediera, aceptó viajar con un hombre que se detuvo a ofrecerle pon. Ella confiada en que llegaría al pueblo.

Este señor en lugar de llegar al pueblo se desvió a otro lugar, una playa desierta. Ya era de noche y las suplicas de Susana no valieron de nada. El sujeto le apuntó con un arma en la sien y le advirtió que no gritara ni se resistiera si no quería morir. Susana estaba muerta de miedo. Fue violada y sodomizada. Luego el sujeto se detuvo en su carro frente a un negocio donde compró unos tragos advirtiéndole a Susana que no se bajara del auto. Al salir se escucho a alguien diciéndole saludos y llamándolo Licenciado. Debe haber sido un corrupto. De este Susana supo que era dueño de una cadena de farmacias. El sujeto amenazó a Susana que si decía algo de lo sucedido la mataría, que la encontraría donde quiera que estuviera. Finalmente la dejó en la plaza del pueblo y le dio un poco de dinero como si ella hubiese sido una prostituta. Susana se quedó en la plaza un buen rato. Esa noche había un festival. Se tomó un trago y luego se fué a la casa. No le contó a su hermana lo que le había sucedido. Estuvo como 2 semanas en casa de su hermana Olivia en donde César fue a verla y le pedía que volviera con él.

César logró convencer a su madre de que les diera alojamiento, pero esta lo hizo todo con la intención de sacar provecho, utilizando a Susana para las labores de la casa, ya que decía que no podía realizar ninguna labor de limpieza por una supuesta alergia a todos los detergentes y a la vez pediría dinero para los gastos a cesar.

Aun así Anaís la madre de César se reunía con personas conocidas a hablar mal de Susana y de su hijo César. Comenzó a exigirle dinero por estar en su casa. Susana quedo embarazada y a los 3 meses la madre de cesar les dijo que se tenían que ir de su casa.

César la llevó a vivir en los altos de esa misma casa pero estaba a mitad de construcción, sin ventanas, ni puertas. Allí dormía un perro lleno de pulgas y en el lugar habían muchas pulgas. Susana dormía en un colchón roto con las tablas rotas, hasta que cesar consiguió una casa alquilada. Estuvo allí hasta después de los 7 meses de embarazo y a la suegra no le daba ni un poco de lástima saber que dormía prácticamente a la intemperie y llena de pulgas que la picaban por todo el cuerpo.

Se mudaron a este apartamento y comenzaron a vivir una vida normal excepto por el alcoholismo de César, que a veces bebía demasiado y llegaba borracho a la casa. A pesar de todo era buen esposo y ayudaba a Susana.

Pasó el tiempo y Susana tuvo una niña. Le pusieron por nombre Kasandra. Olivia vino a vivir unos días con su hermana Susana y nos enteramos de que había tenido una niña que nació de 7 meses y que había muerto de meningitis a los 4 meses de nacida. Olivia estuvo como una semana y luego se fue.

Anaís nunca apareció a ver a su nieta. En cambio una amiga de Susana que era de origen colombiano la ayudó al nacer su hija y le llevaba comida. Hasta bañó a la bebé y le enseñó como cuidarla los primeros días.

Muchas veces personas a las que no nos une ningún lazo de sangre son mas compasivos con las personas que la propia familia.

Susana había pasado por muchas cosas terribles. Ahora solo tenia 21 años y esto a sido solo el principio de su infierno en la Tierra.

A los 20 días de nacida su bebe se enfermó de salmonella. Estuvo grave 9 días con diarrea. Gracias a Dios Se sanó. A pesar de todo Dios es piadoso y poderoso. Fué un milagro.

Capitulo 3

Los días pasaban y la vida de Susana se convertía en una rutina. Cuidaba de su hija recién nacida Kasandra y se mantenía haciendo sus labores domésticas. Amamantaba a su bebé y perdía peso mientras su hijita aumentaba de peso rápidamente. Increíblemente con solo leche materna a los 4 meses ya pesaba 22 libras debido a lo cual tuvo que quitarle el pecho al cumplir los 6 meses. Mientras tanto su esposo Cesar trabajaba en una compañía de plome ria. Lamentablemente poco a poco volvía a ingerir bebidas alcohólicas cosa que lo llevaba a ser un poco irresponsable con sus obligaciones de padre y esposo.

Un día César desapareció dejando a Susana embarazada y con su hija de dos años. A Susana no le costó mas remedio que irse a vivir a la casa de su abuela. Allí se lamentaba de su suerte y estaba algo deprimida.

Seis meses después reapareció César y vivieron por un mes en un hospedaje del viejo San Juan. Volvieron juntos a casa de su abuela y luego nació su hijo César Javier. Con el paso del tiempo alquilaron una casa en un pueblo del centro de la isla. Su tranquilidad le duró poco porque César volvió a beber y mucho. Se volvió totalmente alcohólico y cuando su hijo tenia 11 meses abandonó de nuevo a Susana, precisamente en el día que le pagaban su cheque del trabajo. Ese día Susana esperaba su regreso ya que César Javier necesitaba formula de bebe y Susana solo contaba con un poco de arroz y tres potes de corn beef. Se debía el servicio eléctrico, el agua y el gas se estaba acabando. Además Susana no tenia dinero para pagar la renta.

Aterrada no sabía que hacer. Había una vecina que siempre quería que le llevara a Kasandra para entretenerse un rato con la niña. Ese día no tenían nada para comer. No sabia que hacer y entonces se le ocurrió que le diría a su vecina que Kasandra quería estar un ratito con ella en su casa. Todo esto lo hizo porque sabía que su bondadosa vecina siempre le daba algo de comer a la niña. No importaba que ella pasara hambre. Ese día vio a su vecina y le dijo lo planeado. La vecina le preguntó a Susana que le ocurría ya que se veía muy pálida. Susana estalló en llanto y le contó la verdad a su vecina. Esta la invito a entrar a su casa y le dio café y sopa. El color volvió a sus mejillas.

También para esos días una mujer pidió a Susana unos ajicitos dulces de una planta que había en la casa. Susana le dijo que podía llevárselos todos, ya que ella no los usaba. La señora la invitó a su casa y le dió comida. Se hicieron amigas. Un día Susana dejó a los niños un minuto para ir a buscar café a casa de la señora. Su hermana había ido a la casa y al no encontrarla amenazó con llamar a Servicios Sociales. Varios días después apareció una trabajadora social a la que Susana contó todo. En lugar de hacerle daño recibió ayuda, ya que le indicaron que el departamento de Servicios Sociales ayudaba con algo de dinero y comida a mujeres con hijos. Bueno, el caso fue que llegó el día de pagar la renta y Susana estaba a punto de quedarse en la calle. Conocía a un hombre que iba por el barrio a menudo y pensaba que era buena persona. Se detuvo a hablar con él sin saber realmente que iba a pasar un verdadero infierno. Este hombre la convenció de que si se iba a vivir con ella no tendría de que preocuparse, pues el pagaría la renta y no tendría que irse a la calle. Susana cayó en la trampa. Rafael era un hombre que estaba en el army activo y tenia que ir a entrenamientos etc. También era un hombre engañoso y cruel disfrazado de buena persona. Se mudó de inmediato con Susana.

Al cabo de tres meses en los que al Susana quedar embarazada casi de inmediato , ya tenía 2 meses de embarazo. Esa terrible noche

Rafael llevaba 3 días fuera de la casa sin explicación alguna. Susana quiso castigar un poco a Rafael al el tocar en la puerta y ella decirle que no le abriría la puerta, cosa que, si pensaba hacer luego de un rato. Ella no imagino jamás que el descargaría su ira sobre ella hasta el punto de casi matarla. Pues Rafael tocó la puerta por 3 o 4 veces luego de lo cual tumbo la puerta. Susana asombrada se refugió en la cama de la cual Rafael la tumbó, agarandola de las piernas. Luego se le sentó encima agarrándola por el cuello al punto de ella gritar por auxilio sin que nadie entrara a intervenir. Susana sacaba fuerzas de donde no tenia y pateaba a su agresor en el pecho. Parecía que sus manos estuvieran pegadas con fuerte pegamento a su garganta. En varias ocasiones logró zafarse hasta que perdía la voz y ya no podía gritar. Enseguida como poseído volvía a cogerla por la garganta. Finalmente al ver que Susana se zafaba dándole patadas por el pecho la soltó. Seguidamente comenzó a propinarle puños a la cara por lo cual Susana se tapaba con las muñecas cruzadas frente a su cara. Finalmente le ordenó que no llorara porque de lo contrario buscaría un cuchillo para matarla.

Rafael se marchó de la casa dejando a Susana muy lastimada. Al rato Susana se percató que no podía mover su brazo izquierdo y que estaba hinchado. Ella no pudo dormir durante la noche y se acostó con mucho miedo, poniendo su brazo roto sobre su pecho hasta por la mañana. Tuvo que ponerle el pañal a su bebé con un solo brazo. Rafael llegó a la casa en la mañana temprano y se ofreció a llevarla al hospital como si nada hubiese pasado. Susana tenia marcado el cuello con una horrible marca roja a su alrededor. Aún así como tenia miedo y no tenia a nadie aceptó ser llevada al hospital.

En el hospital apareció la policía y le preguntó a Susana si quería que metieran a Rafael a la cárcel y la muy tonta no quiso presentar cargos tal vez por miedo. Allí la gente se quedaba mirándola por su gran marca en el cuello. De allí salió con su brazo izquierdo enyesado. Poco tiempo después le salieron unos nódulos en la tiroides y un quiste. Ademas salió con la tiroides demasiado grande y 3 para-tiroides en lugar de 4. Ella piensa que eso fue resultado de el intento de Rafael de ahorcarla con sus manos.

Días después el idiota le pidió perdón y ella aceptó darle otra oportunidad. Este es uno de los grandes errores que muchas mujeres cometen y por eso muchas terminan asesinadas.

Un mes después Susana tuvo una cita en el ginecólogo por lo de su embarazo y allí mismo tuvo una hemorragia a los 3 meses de embarazo. La dejaron hospitalizada y evitaron que perdiera su embarazo. El doctor le ordeno descanso total, pero que descanso podía tener ella con un abusador como Rafael. De inmediato le ordenó que le friera papas y otras cosas y no la dejaba descansar. La vida de Susana con Rafael era un infierno. El la acusaba de que su bebé no era de el.

Fueron a visitar a la madre de él y al ella ver el brazo enyesado de Susana le preguntó que le había pasado a lo que ella respondió que fue su hijo quien le hizo eso. La respuesta de la señora fue justificarlo diciendo que el pobre estaba sometido a mucho estrés en el army. Pues el tal Rafael era tan malvado que hasta le tiraba agua congelada de la nevera a Susana cuando tenia alguna discusión con ella. Era como una especie de psicótico.

Debido a los maltratos y la falta de descanso Susana estaba a los 6 meses en el hospital a punto de tener un parto prematuro y allí evitaron ese parto con sueros de sulfato y otras cosas. El caso es que la enviaban a descansar a su casa y Rafael no se lo permitía, aparte de tratarla mal continuamente. Al final estuvo hospitalizada a los pocos días de nuevo y finalmente rompió fuente y le detuvieron el parto de nuevo.

A los 7 meses estando en su casa le dieron contracciones y en lugar de llevarla al hospital Rafael la violó alegando que eso era bueno para el parto. Rué algo traumatizante. Imaginen una muriendo de un fuerte dolor de parto y un desgraciado que se supone te ayude te viola. Definitivamente fue horrible. Todo lo contrario, el parto fue muy postraumático. La bebé pesó menos de 4 libras y la dejaron un mes en el hospital hasta que alcanzara las 4 libras de peso. Susana visitaba a la bebé todos los días hasta que la dieron de alta.

Ya en la casa las cosas empeoraron. La niña lloraba como todo bebé normal y su padre zarandeaba la cuna diciéndole a Susana que callara esa niña. Era cruel y despiadado. Susana le dijo que pronto se iría y él amenazante le dijo que si se iba, tendría que partir a la bebé por la mitad para darle la mitad a el y la otra mitad a ella, ya que era de los dos. El muy idiota hablaba como si la niña fuera un objeto. Realmente era un ser despreciable.

Llegó el momento en que ella ya no pudo más y se fué a escondidas para la casa de su abuela. Allí estaba su hermana Olivia la cual enfermó, sin que se supiera que era lo que le causaba tantos contratiempos de salud. Susana sabia que era lo que tenía. Olivia había perdido 3 hijas que habían nacido prematuras por diferentes causas. La primera le duró 4 meses y murió de meningitis, la segunda duró un año y murió de pulmonía y la ultima duró 5 meses y murió de un fallo cardio pulmonar. Susana había visto los síntomas del sida en la bebé que le duró un año. Se quedó callada porque no tenía pruebas de lo que sabía.

El caso es que Olivia tenía los mismos síntomas de su hija que murió de un año. Susana acompañó a Olivia a hacerse unos análisis de HIV después de haber estado hospitalizada.

En realidad Susana sabia que el resultado sería positivo. Olivia se desesperó al ver el resultado y le dijo a ella que no dijera nada a nadie. Cuando Olivia empeoró fue difícil guardar el secreto y la familia se enteró. Su padre no le hablaba y Susana se dedicó a cuidarla. Tenia herpes genital y ya no podía caminar. Susana tenía que hacerle curaciones. Las personas era crueles y hasta su padre se burlaba. Susana dejaba sus hijos al cuidado de su abuela para llevar a su hermana al hospital. Olivia también enfermó de pulmonía.

Por estar cuidando a su hermana personas de Servicios Sociales fueron a la casa y le dijeron que se tenía que irse de allí con sus hijos porque no podían estar en la misma casa con Olivia enferma de sida y que si no se mudaba le removerían a sus hijos. Que crueldad! Aún así Susana se quedó.

La enfermedad de Olivia fue empeorando y Susana iba al hospital muchas veces y se tenía que quedar allí varios días. Al llegar de vuelta a la casa se daba cuenta que los juguetes de sus hijos estaban rotos y dañados. Era su padre que también con crueldad se burlaba de su hija enferma y de Susana diciéndole que se le iba a pegar el sida. Susana un día se fué a una tienda cercana vestida con una camiseta que ella misma hizo y le escribió “tengo sida” , solo para ver si alguien le decia algo. La gente la miraba rara pero nadie se atrevió a decir nada.

La vida se hizo tan insoportable en aquella casa que para no oir la risa burlona de su padre, Susana empezó a usar un radio con audífonos que no le duró mucho porque al volver un día del hospital se los había roto tambien su padre. Ya cansada esta prefirió volver con su agresor Rafael.

La vida con Rafael se hizo aún peor que antes. El la maltrataba constantemente. Cuando tenían alguna discusión él la hacia desnudarse y le viraba galones de agua congelada por encima. Tantas fueron las humillaciones que ella volvió a irse. Su hermana Olivia estaba muriendo en un hospital y Susana fue a verla. Le recriminaron que se hubiese ido pero nadie entendía sus motivos porque nadie vivió sus problemas. Ella murió y su padre estaba como celebrando su muerte. Al verlo en una bicicleta tocando una corneta se sintió indignada. ¿como un padre podía reaccionar así ante la muerte de su hija? Su madre llegó al entierro con un vestido muy floreado con tonos rosados. No parecía llevar luto y según ella el luto se lleva en el alma.

Susana se habia mudado a una casa modesta lejos de su familia y durante ese tiempo Rafael habia ido a visitar a su hija a la casa. En una ocasión un familiar de una vecina le regalo una camiseta. Rafael al verla con una camiseta nunca antes vista le preguntó a Susana, la cual inocentemente le dijo que un muchacho se la habia regalado. Esto le causó ira a Rafael y agredió nuevamente a Susana,lanzandole puños.

Otro día un amigo de Rafael compañero del army fue a verla y al darse cuenta en las condiciones en que ella estaba y que se le habia acabado el gas. Fue a buscar gas para la estufa. Rafael al enterarse fue en la tarde a la casa a reclamarle y la secuestró lanzandola dentro de su automovil. La llevó a un paraje solitario en donde le dió golpes a la puerta del carro con un tubo. Susana estaba aterrorisada. No conforme con eso la agredió a puños y la amenazó con pegarle fuego al carro con ella adentro. Fué a buscar algo al baúl del carro. Le decia que ese seria su ultimo dia y que la iba a cortar en pedacitos y la tiraría dentro de una bolsa de basura por un barranco. Susana trató de calmarlo diciendole: " Dios esta allá arriba" El contestaba " y yo estoy acá abajo". Era como si fuera el mismo demonio y tenia los ojos totalmente rojos. Susana le dijo que lo quería a ver si se calmaba.

Cuando por fín lo convenció llegaron a la casa y el se lanzó encima de ella y la violó. Al final le dijo: " No vemos mañana para ir a dar una vuelta," como si nada hubiese pasado. Esa noche Susana no durmió y esperó a las 6 de la mañana para asegurarse de que él ya no estubiese en los alrededores. Fué muy temerosa a un telefono publico y le marcó a la policia.

La llevaron al cuartel de la policia y sometieron cargos. La policia lo llamó por telefono para que acudiera la cuartel y el se fué a la huida. Susana pasó 2 semanas muy temerosa pensando que el volvería para matarla y cada día llamaba al cuartel para ver si lo habian atrapado. Hace un tiempo se enteró por la madre de el, que el vivia en Loiza y piensan que ella le quitó la denuncia.

Todavía Susana esta esperando justicia. Parece que el sistema de la armada le arregló el record y está de lo mas feliz como si nada hubiese hecho. Viviendo con una mujer y hasta tuvo otra hija. Ella se pregunta si a esa mujer nunca la habrá agredido como a ella. La vida es injusta. Tal vez esa tiene la suerte de que la trate bien y ni se imagina la clase de persona con la que vive.

Bueno en realidad ella cree que Rafael y su familia son racistas con la gente blanca. La mujer de Rafael es de piel oscura y seguramente a ella la trata bien. La fe de Susana le dice que algun dia Rafael pagará por todo lo que le ha hecho. Lo que los demás no ven Dios lo ve y hará justicia.

CAPITULO 4

Susana continuo su vida tratando de estar lo mas normal posible. Nunca recibió ayuda ni tratamiento sicológico para las situaciones traumatizantes por las cuales atravezó y aún hay muchas otras situaciones que no estan incluidas en esta historia.Ella vivía pobremente con las ayudas del gobieno que eran escasas y pagaba la renta con la asistencia económica que recibía por sus hijos. La casita era pobre y tenía el baño en el patio. Las ventanas abrian hacia afuera y cerraban con un pestillo. No tenía lavadora y tenía que lavar la ropa a mano.

Un día fue a un festival de pueblo para entretenerse ya que casi nunca salía de la casa. Se pasaba hablando con las muchachas del vecindario que comenzaron a visitarla ya que ella era muy amistosa. Este festival duraba 3 dias. Allí conoció a José que estaba parado cerca de ella y le comenzo a hablar. Le dijo a ella que el tenia 22 años de edad, cosa que era mentira. El tenía solo 18 años aunque mirandolo en ese momento aparentaba más. Tenía puesta una chaqueta que lo hacía lucir mas fornido y mayor. Comenzó a frecuentar la casa de ella hasta que un dia apareció con unas mochilas llenas de ropa diciendo que en su casa lo habian botado y que no tenía donde quedarse y pidiendo que lo dejase quedarse en su casa. Las vecinitas de Susana le dijeron que lo dejara vivir allí.

Ella que para ese tiempo contaba con 28 años de edad no le gustaba la idea de tener a un hombre casi 10 años mas joven que ella en su casa, aunque a la vez se sentía sola y necesitada de afecto. Sin poder evitarlo lo dejó quedarse allí como su pareja.

Tarde comprendió que la manera de ser de José era muy ignorante e irresponsable aparte de mentiroso e infiel.

Luego conoció a su familia. Su madre era una mujer de mediana edad, humilde pero a la vez cariñosa y parlanchina. En cambio su padre era un señor de aspecto antisocial y al que nunca vió que se le escapara una sonrisa. Sus hermanos eran 4 varones y 3 hembras las edadades iban desde los 5 hasta los 20 años de edad. Las niñas mayormente eran amistosas y los varones algo indiferentes excepto el de 15 años que más bien era un confianzudo que se pasaba llamandole vieja y se burlaba de todo y de todos. Sencillamente era un ignorante e irrespetuoso. Incluso se burlaba de su hija mayor la cual ya tenía 7 años.

Mientras vivían en la misma casita alquilada que Susana pagaba con la poca ayuda que recibia, el padre que nunca estubo de acuerdo con esa relacion y el que siempre estaba buscandole faltas, les propuso vivir en una casa en el campo que era de su propiedad pero por el vivir en una hacienda en una casita muy humilde no estaba ocupando esa casa. Debio ser que como era tan antisocial y cascarrabias queria tener a su esposa e hijos alejados de la civilización. Susana conoció esa casa más adelante en la cual tambien vivió y nunca les conoció una simple visita de nadie.

El caso es que en esa casa donde vivían entonces Susana y José, los padres de él y sus hermanos lo visitaban a menudo. Tambien el padre de José llevaba a susana a hacer la compra no sin obtener $20 por el favor. Allí José se pasaba discutiendo con Susana porque los niños especialmente la pequeña hacía regueros y a veces hasta su necesidad en el piso debido a que la casa no contaba con inodoro y solo había una ducha no muy buena arriba en la casa, mientras que en el patio habia una letrina a la cual la niña le tenia miedo y no era para menos. Aunque ella limpiara los desordenes de la niña el se la pasaba diciendole a ella ," que si sus hermanos", que si "que verguenza" y ella estaba en constante estrés. Aparte de eso su padre escudriñaba todo cuando iba a la casa aunque todo lo que había dentro le pertenecía a Susana.

Un dia Susana se entera de que estaba embarazada y aunque José decía estar contento con la noticia, su padre le hacia comentarios de que eso ella lo hizo solo para retenerlo a el y otras tonterias más. Un día el padre decidió que él se mudaría a la casa que les había prestado a Susana y su hijo y terminaron teniendo que mudarse a esa casita super humilde, vieja y con agujeros de deterioro. Todo pareció a Susana como un viejo truco de irlos sacando de al menos el sitio donde ella tenia voz y voto , terminando de ubicarlos donde también pudiera tener control, como si él fuera el que controlara la vida de todos. En cambio su madre le regalaba algunas joyas aunque fueran fantasia y trataba de agradar a Susana, incluso hasta la defendia de las habladurias y las quejas de aquel viejo cascarrabias.

Allí en una casita en el patio quedo viviendo el hermano mayor de José al cual Susana le daba comida todos los dias.

La casita estaba ubicada en una hacienda que realmente se le llamaba vaqueria pues la separaban unos alambres de puas de las vacas y más adelante por ese mismo camino el dueño del lugar tenía una casa que Susana nunca vió y allí tambien ordeñaban vacas para vender la leche. José se iba en las noches y aparecía con comida congelada y hasta licores que le robaba a este señor en la casa y aunque ella nunca lo vió lo sabía porque el mismo le contaba lo que habia hecho. Ella le decia que no hiciera eso, pero de nada le valía. Tambien sospechaba que el andaba en malos pasos.

El tiempo le dio la razón porque un día ella le encontro un sobre con una sustancia blanca y cuando le fue a reclamar el le dijo que eso era arina de trigo. Susana que habia leído bastante acerca de estas cosas pego su dedo en ese polvillo blanco y luego lo pegó a su lengua sintiendo su sabor amargo y anesteciante. Le dijo que eso era cocaina y se dispuso a hechar en la letrina el contenido del sobre mientras él se lo arrebató de las manos diciendo que un amigo se lo habia dado a guardar. Bueno, llegó el día del nacimiento de la niña a la cual tambien llamaron Olivia en honor a su tia fallecida.

Pues el padre de José seguia visitando muy a menudo, para encontrar mas faltas a Susana mientras la madre estaba encantada con su nieta y nunca dejó de ser muy buena con su nuera. La verdad este señor era tan loco que un día la esposa o sea la suegra de Susana le conto que una vez que ella estaba enbarazada de su primera hija el agarró una cuchilla y quiso cortarle la barriga, resultando con una herida no muy grave en la barriga, pero la cual la tuvo en el hospital varios dias.

La verdad, pienso que este señor padecia de sus facultades mentales porque nunca fue una persona razonable. Eso no era todo, un día Susana se quedó con la boca abierta y los ojos de incredulidad cuando vió que este señor le había rapado la cabeza por completo a sus hijas de 13 y 9 años porque no habian podido eliminarle los piojos. Increiblemente las envio a la escuela así. Pobresitas, me imagino a los demás estudiantes mofandose de ellas y más siendo niñas. Eso no habia sido todo, pues algunos meses antes de eso les habia puesto gas en la cabeza para que se les fueran los piojos. ¡Que ignorancia! Hecharle un quimico que podía haberles causado un gran daño a su organismo. pudiendo haberles puesto algun remedio natural o haberles comprado algun tratamiento seguro en la farmacia

CAPITULO 5

Volviendo un poquito atrás en el tiempo antes de que naciera la hija de José y Susana hubo un periodo de tiempo donde Susana se la pasaba casi todo el tiempo sola en aquella casa que le habia prestado su suegro y debido a la agresividad de José el cual maltrataba a Susana empujandola y amenazandola, ella comenzó a padecer de horribles dolores de estomago y además descubrió que tenia unos crecimientos en el cuello, lo cual le causaba molestias como el cuello apretado y dificultad para tragar en muchas ocasiones. Ella fué al medico y le hicieron una pruebas en las que efectivamente tenía unos tumores en el cuello. Asustada y sin apoyo, sola con sus hijos decidió llamar a la abuela de una de sus hijas o sea de la hija de Rafael la cual no sabía supuestamente nada de él, por lo que supuso que no había ningun peligro en que ella se la cuidara por un tiempo. Entonces la abuela fué a verla pero le exigió un papel firmado, ya que no podria llevarla al medico y otras cosas sin ese papel como si fuera una autorización de custodia temporal. Finalmente se llevó a niña que en esos momentos tenia 3 años con la condición de que no le daría a la niña a su padre si supiera de él.

Por el otro lado le llevaría a sus hijos mayores que solo tenian alrededor de 4 y 5 años a su abuela paterna para poder organizarse e ir a un hospital oncológico para personas con cancer ya que tenian que hacerle una serie de exámenes médicos. Poco tiempo despues de llevarle los niños a su abuela y mientras Susana esperaba para ir su cita medica que era lejos de donde vivia, las cosas dieron un giro inesperado. Apareció la hermana de Cesar alegando que la madre de Rafael o sea la abuela de la niña a la que dejó cuidando, le dijo a ella que Susana le habia regalado a su hija y que ella venía para que les diera a sus sobrinos. Susana negó diciéndole que ella solo se la había dejado por un tiempo, ya que estaba enferma y le contó lo de su cita y su salud. Luego la tia de sus niños al oir que ella no estaba regalando niños cambió su versión diciendo que ella estaba dispuesta a cuidarselos por el tiempo en que se recuperaba. Que mal le fué a Susana por confiar en un acto de buena voluntad en el que ella pensó le ofrecian una ayuda y que solo se trataba de querer robarle a sus hijos mediante un engaño. Le ofreció llevarla a buscar a sus hijos a casa de su abuela y aunque Susana advirtio que iba conduciendo a alta velocidad no dudó de su buena voluntad.

Pocos dias despues fue a buscar a sus hijos y no quisieron entregarselos. Habian ido a la oficina de servicios sociales de ese pueblo en donde la cordinadora era familia de ella y le mostraron un simple papel escrito a boligrafo donde supuestamente le daban la custodia. Llamó a la policia y ellos acudieron, al llegar la tia alegó que servicios sociales les habia dado la custodia y que su hija tenía piojos a lo cual una agente de la policia le dijo que eso le podia dar a cualquiera y que incluso a su hijita le habia dado piojos una vez. Ella les dijo intimidantemente a los agentes que les dieran su nombre y número de placa mostrandoles un pequeño papel de notas con algo escrito a bolígrafo. Tambien les dijo que ellas tenian familiares en el gobierno.

Lo que es el abuso de poder. Personas inescrupulosas que se prestan a hacer daño a personas que ni conocen solo por hacer favores a familiares egoistas y de malos sentimientos. Abusan de titulos como trabajadoras sociales, policias, etc. en este país corruptos es lo más que sobra.

Finalmente la policia le informó que ellos no podían entrar a la casa sin una orden de un juez y que tampoco podian poner una denuncia por secuestro debido a que ella les habia dado el consentimiento de llevarselos y no fueron sacados por la fuerza. Susana fue a visitar a la cordinadora de Servicios Sociales de ese pueblo, que por cierto llevaba el apellido de ellos y obviamente era un familiar de ellos. En varias ocasiones viajó para ir a hablar con esa señora encontrandose con que nunca estaba, cosa que le informaban luego de entrar a esa oficina y esperar un rato. Por logica se supone que sepan que no está y lo informen al preguntar. Susana fue a someter una demanda por custodia al tribunal en ese pueblo a ver si recuperaba a sus hijos de buena manera. Mientras tanto como sabia que esas personas no tenian ninguna custodia de sus hijos planeó llevarselos de la escuela. Un dia apareció en la puerta del comedor y vió a su hija a la cual llamó discretamente y la cual muy contenta salió casi corriendo a donde su madre, la cual cargandola salió apresuradamente de la escuela con ella. Tomó un vehiculo publico y llegó a su casa con la niña. Al niño no se lo pudo llevar ya que no estaba aún en la escuela. Luego llamó al cuartel de la policia para informarles lo que había hecho, a lo cual ellos le dijeron que si ella era la madre realmente no había ningún problema.

Poco tiempo despues había recibido una citación para una vista en la corte. Habia buscado los servicios de abogado de Servicios Legales, pero ellos habian hecho lo mismo y al haber dos abogados en el mismo caso civil de la misma corporación se habia creado un conflicto de intereses, no pudiendo ninguno de los abogados de ambas partes ejercer en ese caso. Avisó a la corte que se iria a su pueblo a la casa de su abuela y dejó su dirección para que le enviaran la proxima citación, citación que nunca llegó. Tiempo despues la injusticia hace estragos nuevamente cuando se enteró de que César se habia divorciado por edicto y que obtuvo la custodia de su hijo, ya que ellos tenian al niño. Le dijo a ella que él no habia estado de acuerdo con eso pero que su familia lo convenció. Injustamente sabiendo donde ella estaba la habían puesto como que no se sabía donde estaba y ella no se pudo defender. La corte tambien había fallado al no enviarle citación a su nueva direccion.

CAPITULO 6

Poco tiempo despues de haber nacido su hija, Susana se encontaba sola a menudo con los niños de noche debido a que José se iba a fiestar con sus hermanos muchas veces. En una ocasión sintió como alguien trataba de abrir una de las puertas forzandola desde afuera y Susana muy asustada puso el radio a todo volumen para no sentir nada. Era toda nervios y no sabia que hacer. No había telefono, estaba lejos de cualquier otra residencia y la calle era oscura y solitaria. Aún si gritara nadie la iba a escuchar. Se acurrucó pidiendole a Dios protección. Jose no llegó hasta el otro día y al contarle lo sucedido dijeron que en esa ruta alguien habia matado a un perro con un machete. Ella sintió más panico aún. José seguia como si nada, saliendo y dejandola sola por lo que ella decidió irse con sus hijos a la casa de su abuela, todo esto en momentos en que él no estaba.

El comenzó a ir a visitarla en casa de su abuela pero ella no quiso volver con él por lo que se quedo alli. Alli tambien vivia la cuñada de Susana con sus hijos y su hermano en una especie de apartamento en la misma casa, dividido con una pared y dos puertas, una que daba hacia el patio por la parte trasera y otra que al abrirla podía entrar a la cocina de esa casa.

Un día en que su hija menor tenía 2 meses de nacida se despertó con la voz de su cuñada. Ella gritaba ; " Susana ayudame". Se levantó al segundo grito; " fuego". Se puso de inmediato los pantalones cortos al revez por la prisa, ya que dormía en ropa interior. Salió corriendo no sin antes decirle a su hija Kasandra que llevara a la bebé de 2 meses al patio y se quedara con ella. Al llegar a la parte de atrás notó que salía un gran fuego por la ventana y el calor se sentía, dudo aterrororizada y de pronto llego el vecino de enfrente a socorrer a su cuñada sacando a sus tres niños pequeños mientras ella salía con el más pequeño cayendo cerca de a puerta y levantandose a toda prisa. Despues de ver que habian salido ella volvió arriba mirando en su cuarto buscaba a su bebé y a su hija en la habitación pensando que tal vez no habian salido aún. De pronto reaccionó y salió corriendo muy a tiempo, ya que al ella salir la casa se esfumó en pocos minutos. Su cabello teñido de rubio quedó manchado de ceniza y su cara parecía salpicada de manchas oscuras. Tenía un terrible olor a madera quemada y había salido descalza. Fué un día en el que perdió las pocas pertenencias que tenía pero que gracias a Dios estaba viva con su hijas y nadie salio herido excepto por unas leves ampollas en dos de los niños. No se sabe como ocurrió el incendio que parece haber sido accidental. A ella la ubicaron temporalmente en un centro de actividades mientras aparecía un hogar de emergencia.

Afortunadamente José tenia la tarjeta de identificación de ella, que le sirvió para solicitar todos su papeles importantes, como acta de nacimiento y seguro social. Acudió a ayudar a los demás que habian perdido sus documentos utilizando su identificación y en servicios sociales le dieron las copias de todos los papeles de identificación. Tambien acudió a pedir ayuda del gobierno para reconstruir la casa y así hicieron una casa no muy bien hecha pero al menos se podía vivir en ella. José se anotó como pareja de Susana diciendo que convivia con ella allí cosa que no era cierta, ya que estaban separados, pero el aprovechó para quedarse tambien en el centro.

Allí les llevaban donaciones de ropa y alimentos las cuales ella repartia a partes iguales entre sus familiares dejando para ella lo necesario. Tambien le dieron formula infantil de emergencia para su bebé y pañales desechables. Un día ella le dijo a José que no queria estar con él y él le cerró el candado del portón dejandola encerrada y amenazandola con llevarse la bebé. Tuvo que saltar la verja de el centro para pedir que abrieran el candado y poder salir de allí con su bebé. Le consiguieron un apartamento en un edificio residencial publico en un pueblo distinto de donde vivía. Al llegar unas jovenes que vivian juntas en ese apartamento ni siquiera se habian mudado aún, y tuvo que compartir el apartamento con todas esas extrañas. Luego quedó sola con José y sus hijas. Allí no era un buen lugar pero como ella era una persona tranquila no se metía en problemas con nadie. Sin embargo José se iba por el residencial a hablar con mujeres e incluso en una ocasión se enfermo de ladillas, suerte que ella no había tenido contacto con él y no se contagió.

Un día se le ocurrió andar con una chica que ya estaba comprometida con un pandillero y lo estaban vigilando para golpearlo. Susana tan tonta le contó a su hermano lo que estaba sucediendo y aparecieron sus dos hermanos y evitaron que les dieran una paliza a José. Lamentablemente ya esos pandilleros habian planeado vengarse y cuando volvieron sus hermanos, una noche fueron muchas las personas que le cayeron a batazos a ellos. Sin embargo a José le fue bien y ni siquiera tuvo un rasguño, ya que se había escondido.

Los pobres hermanos de Susana recibieron una injusta tunda. Menos mal que no estuvieron en estado grave. En ningún momento intervino la policia.

En estos residenciales no quieren gente de otros pueblos y se defienden unos a otros y si ven la policia se avisan con silvidos y gritan: “ agua” asi todos saben que llega la policia y se dispersan. Poco tiempo despues de todo parecia normal pero José invitó a su hermano y la convenció de que le permitiera una semana de visita a su hermano en su casa. Fué un infierno. El hermano se pasaba molestando a su hija Kasandra y le ponía sobre nombres terribles. Se pasaba burlandose de ella. A Susana le faltaba el respeto diciendole vieja y no tenía consideración por nadie. Susana le dijo que se tenía que ir a lo que José le dijo que su hermano no se iría a ningún lado.

Ella tuvo que hablar con la señora de la administración para que lo mandaran a sacar y de paso José no aprendía nada bueno y Susana lo mandó hechar fuera tambien, entonces él se fué a vivir con unos vecinos alcoholicos donde vivian una esposa, esposo, ex esposo y dos hijos. Todos los dias Jose rogaba lo dejara entrar y decía que tenia hambre. Susana le daba comida que le llevaba fuera. Hasta que un día volvió a dejarlo entrar porque los vecinos alcoholicos ya no podian dejarlo en su casa y el rogaba para que le tuviera lástima.

Fué un error muy grande pues José se metió a robar en unas cuantas ocasiones a una tienda de ropa y no lo habian atrapado, pero presisamente ese día en que Susana fue a comprar unos detergentes y otras cosas el quiso acompañarla y llevaron a la bebé en el cochesito. El puso lo que robaba en el coche de la bebe y al salir fueron detenidos por el guardia de seguridad de esa tienda. El y Susana fueron acusados de robo. Susana fue a ver a el dueño de la tienda y le pidio clemencia diciendole que ella nunca había robado y que por favor retirara los cargos ya que era madre de niños pequeños. El dueño estubo de acuerdo.

El día de la vista inicial del caso en la corte José habia ido al tribunal, pero antes de ser llamados a sala ya había desaparecido dejando a Susana sola en ese lugar. Ella salió libre de cargos y a él le pusieron un descato y una orden de aresto, pero ya no estaba. Aparentemente tenía todo bien planeado y se había ido a los Estados Unidos desde donde llamó un día al telefono de un vecino. Susana quedaba sola con sus hijas aunque era mejor que seguir con ese mequetrefe que solo causaba problemas y no ayudaba en nada.

Los meses pasaban en completa soledad y Susana cuidaba de sus hijas. A veces hablaba con los vecinos. Algunas veces el vecino le decia de las llamadas de José para preguntar por su hija. Un dia le sugirió irse a Estados Unidos con él más adelante, pero ella evitaba la conversación.

CAPITULO 7

Un día Susana salió a dar un paseo por una placita cercana y pasó un hombre que le formó conversación. Estuvo entretenida hablando de muchas cosas luego volvió a su apartamento. Dos o tres dias a la semana Susana se encontraba con Rogelio del cual penso al principio que era una gran persona y al fín por la insistencia de él lo invito a su apartamento, el ofreció llevar una botella de licor para compartir lo cual no le parecio tan mal a ella porque ya se sentia en confianza y le serviria para relajarse un poco.

Cada vez Rogelio iba mas a menudo a el apartamento de ella. Hasta que un día se quedó allí viviendo con ella. Sin darse cuenta metió la pata de nuevo como dicen en mi país, pues buscando amor, ese cariño que practicamente nunca tuvo se habia equivocado muchas veces, y todavia le faltaba más. Yo diría que la falta de amor la llevaba a hacer lo contrario de lo que debia hacer. No se había dedicado a conocer a fondo a las personas, con lo que cada vez le iba peor. Pues Rogelio se iba a beber a hasta con los vecinos alcoholicos.

En una ocasión se le acerco una mujer del residencial que le dijo que ese era su hombre y que el iba a su casa a beber y se acostaba con ella. Susana le reclamó y el negó todo diciendo que esa era una loca que lo perseguía y que él no le hacía caso, que ella era una mujer callejera y alcoholica, que nisiquiera le gustaba. Pero ella notaba que en un par de ocasiones el llego a la casa a la mañana siguiente. Le reclamaba y él le inventaba excusas falsas. Poco despues llegó esa mujer a decir que estaba embarazada de él y él lo negó.

Un dia Susana y Rogelio iban al cine en el centro comercial y esa mujer le gritaba cosas en publico y lo corria por el centro por lo cual ya ni podian salir. Se veía ridícula corriendo con esa gran barriga trás él. Lo seguía donde quiera que iba. Hasta fué a hablar con un hermano de él que tenía un negocio de piezas de auto.

Finalmente se mudaron a otro pueblo en otro residencial. El se pasaba bebiendo y compró un auto convensiendo a Susana para ponerlo a su nombre. Un día llego asustado y le dijo que había chocado con otro carro y se dió a la fuga.

Susana se enojo mucho y se fué a la casa de su abuela y pocos dias despues volvió al apartamento en el cual ya él no estaba. Poco tiempo despues se enteró de que su abuela tenía cancer y fué a cuidarla. Se amanecia poniendo inyecciones y se pasaba tomando café para mantenerse despierta toda la noche. Pocos meses despues su abuela murió. Susana dejó el apartamento donde vivía y se quedó en casa de su abuela. Allí fue Rogelio a convencerla de volver. Se quedó con ella un poco de tiempo hasta que ella descubrió que le le habia tomado un dinero sin pedirlo para invertirlo en un negocio de frituras, según él era prestado, pero lo prestado se pide y Susana le dijo que se fuera que ya no lo queria ver más.

Pasaron dos meses y él le escribia y le enviaba casette de musica romantica y Susana se dejó envolver de nuevo por él acostumbrada a los malos tratos.El estaba en los Estados Unidos y la invitó a ir para allá y le envió los pasajes. Ella que como siempre estaba soñando pensó que el habia cambiado, llego a esa casa donde él se había hecho responsable. Pagaba la renta y ya ella no tenía que preocuparse por nada. Hasta iba a la iglesia donde asistía su familia que eran personas amables que en nada se parecian a él. Asistian a cenas en su casa y hasta fueron a actividades festivas del trabajo.

Todo parecía muy bonito hasta que comenzó a ingerir alcohol nuevamente. En una ocasión le enseño las nalgas a Kasandra y esa fué la gota que derramó el vaso. Ella se fué en un autobús con sus hijas a la ciudad sin rumbo fijo. Se sentó con ellas largas horas en unos banquitos frente a un templo a pensar que iba a hacer. Recordó que tenía el dinero de la renta y preguntó si había un hotel barato donde pasar la noche. Fué informada del más cercano y allí se instaló unos dias con sus hijas. Durante el día compraba comida rápida y se sentaba frente al mismo templo donde llegó el primer dia. Luego preguntó si había algún lugar donde ayudaran a personas sin hogar y allí le dieron un número de teléfono en donde fue a quedarse por un poco de tiempo. Era una casa de mujeres maltratadas pero solo tienen un periodo corto en lo que resuelven su problema de vivienda. De allí logró volver a su país, pero luego regresó porque no tenía donde vivir se había tenido que quedar en la casa de un familiar donde no se sentia bien recibida.

Recordó que un amigo que había conocido allá le había dicho que si quería volver él le enviaría los pasajes. Decidió que ya no tenía nada en su país, que todo lo había perdido y que no contaba con la ayuda ni el apoyo de nadie y para sentirse como un estorbo de arrimada mejor se iba. Su amigo le envió los pasajes y ella se fué pero no la pasó muy bien, pues era una casa de huespedes donde les tocó una azotea. Era muy incomodo y pasaba hambre pues él solo nos daba sopas de vasitos y otras tonterias. Tenía que estar pidiendo.

Con la ayuda de su amigo alquiló un apartamento en una casa de 4 apartamentos. Luego el dejó de ayudarla y a ella se se le pasó por la cabeza la estúpida idea de llamar a Rogelio. El acudió de inmediato, pero fué la peor idea que se le había ocurrido en ese entonces. Rogelio quiso mudarse con ella. Allí iban algunas veces los misioneros de la iglesia y él la celaba de ellos y le prohibia recibirlos. Un día que ellos fueron a visitarla, él les dijo que se fueran y comenzo a insultar a Susana diciéndole que a ella les gustaban ellos y que era una cualquiera y algunas palabrotas que no voy a escribir, porque en realidad no me gusta escribir malas palabras. Terminó restrellando mesas y sillas. Susana volvió a votarlo de la casa y como no se iba llamo a la policia, la cual le advirtió que se fuera de buena forma, ya que Susana solo quería que el se fuera y no tenía interes en formular una demanda. Finalmente se fue, pero poco tiempo despues volvió a la casa tratando de meterse por una ventana. Susana agarró un pote de spray pimieta que ya estaba vacio y no logró detenerlo. Entró por la fuerza y agredió a Susana en la cara con los puños.

El vecino que ella ni sabía que era un vendedor de drogas sacó su arma y le advirtió que no se atreviera a tocarla o sería capaz de disparar. Susana se fué a una tienda de 24 horas y allí lo vio llegar desde el cristal de la tienda y le avisó a la cajera lo que sucedia y ella avisó a la policia, la cual aparecio arrestandolo y allí en el cuartel de policia a Susana le sacaron fotos de los hematomas incluyendo un ojo morado. Luego de eso ya no volvió a verlo nunca más, solo su padre fue a interceder para que Susana retirara la denuncia, cosa que no logró.

CAPITULO 8

Los vecinos eran una mujer como de 20 años y su pareja de 23 que en ocaciones le ofrecian dinero por planchar algunas piezas de ropa y a su hija por ir a una tienda que estaba muy cerca de la casa a comprar unas bolsitas resellables como de esas de guardar emparedados. Le pagaba hasta $10 por el mandado y a ella $15 por planchar una camisa y un pantalón.

Ella no sospechaba de la venta de drogas en la casa de sus vecinos aunque una vez la pararon unos agentes cerca de su casa solo por haberla visto salir de esa dirección. Ella solo se dirigía a comprar un café a una cuadra de distancia y allí la esperaban diciendole que si tenía droga, pidiendole identificación, ella les decía que su identificación estaba en la casa y que podian ir con ella a buscarla. Le preguntaron si tenía residencia americana y ella les contestó que era de Puerto Rico y eso la hacía residente americana cosa que uno de los agentes no quería aceptar, diciendo que no era cierto que los puertorriqueños fueran cuidadanos. Tenian como un racismo que no disimulaban. Ella les dijo que sabía sus derechos y que podía llamar a la policia para ver por qué la estaban interrogando sin tener ningún fundamento. El otro agente verificó en el sistema y su nombre no presentaba antecedentes por lo cual le dijo a su compañero que la dejara que estaba limpia.

Un día bien temprano en la mañana al mirar por la ventana vió muchas patrullas policiacas y luego se entera que habian asesinado a sus vecinos de un tiro a quemarropa en la cabeza. Allí también se entera de que tenian un punto de drogas en esa casa. La policia interrogó a los vecinos incluyendo a Susana la cual no había oido nada durante la noche ni en la madrugada.

Esa muchacha a la que habian matado, un día la había invitado a un club nocturno mexicano. Allí bailaron y tocaba una banda musical. Ahora estaba muerta y era muy triste saber que siendo tan joven. Quien lo iba a imaginar. Fueron tan buenos vecinos y tan amables y educados que ella nunca lo hubiese imaginado. Varios dias después de sus muertes el dueño de los apartamentos donde vivía Susana que era el mismo dueño de esa casa y al cual ella le debia $200 de deposito de renta le ofreció descontarle ese dinero si limpiaba esa casa, ya que ella también había limpiado un apartamento para él anteriormente a cambio de descontarle algún dinero de la renta.

Ese día ella entró en esa casa donde el mal olor era terrible. Tuvo que ponerse bolsas plásticas de supermercado amarradas a los pies y a las manos y aplicar aerosol de olor a toda la casa. Lo primero que vió fue una bola con sangre que parecía parte del cerebro. El piso estaba manchado todo de sangre. No recuerda cuantos limpiadores utilizó para limpiar pero fueron bastantes. Tardó dos dias en limpiar la casa y entre las cosas encontró, una bala sin usar en el piso. La casa era un caos total. Pocos dias después la luz que habian dejado encendida en esa casa fue apagada y la puerta forzada. Alguien había entrado allí. Susana aterrorizada estuvo saliendo a vagar por la calle y se sentaba durante horas en un banquito que había frente a una tiendita de 24 horas. Un día paso un hombre negro en un vehículo y le gritó en ingles, “ Nobody can fuck me now”. Aún mas aterrorizada pasó dos semanas haciendo lo mismo. Un dia decidió volver al lugar donde bailó un día que la había invitado la difunta. Allí se divirtió y poco despues le dieron un trabajo de cajera. El pago era en efectivo y el dueño le quedaba mal muchas veces no dandole el dinero ganado por completo. Al final le quedo debiendo $95 con ese dinero ella completaba los gastos de renta. Allí servia tragos o cerveza.

En una ocasión durante el día se presentaron pocos clientes y entre ellos había dos sujetos que se pusieron a oler cocaina delante de ella. Decian que no les gustaban los chotas y miraban mal como forma de intimidación. Susana asustada pero disimulando seguía trabajando como si nada. En un momento sonó el teléfono el cual era parte de su trabajo contestar. Uno de los sujetos la miró amenazante y le preguntó que que haría con el teléfono y ella respondió que era solo parte de su trabajo y que ella no se metía en cosas de otras personas.

En otra ocasión llegó al trabajo encontrando que una mesa de billar estaba manchada de sangre, había una lampara y un espejo rotos y se enteró que el día anterior había habido un tiroteo en el local y que alguien había resultado herido. De la que se salvó por no haber tenido que trabajar ese día. Tiempo después cerraron ese local porque encontraron en el zotano una gran cantidad de drogas, armas y dinero, con la suerte de que ya Susana no trabajaba allí. Bueno pues allí había conocido a Filiberto que era de un país centro americano y le había propuesto casarse. Pero Susana no le dió al principio mucha importancia.

Tambien conoció a Juaquín que era de mexico y empezaron a tener una amistad en la que se fueron enamorando. Esto fué algo complicado, pues Susana quería volver a su país y ya había aceptado casarse con Filiberto el cual le había prometido ayudarla a volver a su país. Sin embargo el día de la boda lo dejó plantado y no asistió.

En esos dias le dieron una orden de desalojo a Susana la cual no sabía que hacer y no tenía donde ir ni dinero para conseguir otro apartamento, además era muy poco tiempo. No le costó mas remedio que llamar a Filiberto el cual le pagó un hotel por dos semanas. Mientras tanto ella que ya se sentía enamorada de Juaquín con quien se comunicó para verlo.

Filiberto se enteró de todo, pues Juaquín le dijo que aún casandose con ella, ella no lo quería, que a quien quería era a él. Filiberto volvió a fijar otro día para el casamiento y a Susana no le quedó mas remedio que casarse, ya que estaba en una situacion dificil. El rentó un apartamento y la llevó allí. Pagaba la renta y todo pero no vivía con ella, solo iba a ver como estaba todo de vez en cuando.

En una ocasión Susana se encontraba en una piscina que había en ese complejo de apartamentos y al llegar se encontró con que Filiberto le habia cerrado la puerta con llave y el ni siquiera se había molestado en darle copia de la llave a ella, que era quien ocupaba el apartamento, Ella tuvo que ir a la oficina a pedir que le abrieran la puerta. También en algunas ocasiones el iba a criticarla porque según él la alfombra estaba sucia a lo cual ella le decía que como pensaba que ella podía limpiar sin tener aspiradora ni nada. Mucho hacía ella con lo poco que podia comprar. Susana consiguió que le dieran la asistencia social y se fue de aquel apartamento sin avisar, apartamento donde Rogelio solo iba a hacer el papel de jefe o supervisor. Ella alquiló un apartamento en otro lugar.

Poco tiempo despues volvió a ver a Juaquin y un par de meses despues él se mudó a vivir con ella. Dos meses después ya estaba enbarazada. Juaquín trabajaba pintando edificios y llegaba en la noche. Ella le calentaba su comida que ya tenía lista. Mientras tanto su hija Kasandra asistia a la escuela, mientras que Olivia asistía a una clinica de niños donde le daban clases de conducta, ya que le habian dignosticado hiperactividad y deficit de atención.

La vida con Olivia tampoco fué facil. Desde hacía algun tiempo presentaba problemas para dormir y tenía una conducta muy dificil. En una ocasión se había salido por una ventana muy alta, que todavia es dificil de creer A las seis de la mañana, Susana buscaba a Olivia por el vecindario con una foto cuando esta solo tenia 3 años. Ella solita habia abierto la ventana y se había ido siguiendo a una desconocida. Al no encontrarla Susana llamó a la policia la cual la buscó encontrandola en una tiendita de 24 horas, de esas donde venden café, algunas cosas de primera necesidad y otras cosas. Al llevar a Olivia la policia con cara de enfado le contó a Susana como su hija armó una rabieta y lo pateó dentro del auto. Eso no era todo, Olivia era una caja de sorpresas.

En otra ocasión la directora de una escuela elemental llegó a la casa de tocando la puerta fuertemente. Al abrir ella le contó a Susana que Olivia había desaparecido de la escuela. Volvieron a llamar a la policia encontrandola con otra niña en un shoping center. Susana no tenía paz. Olivia se trepó en la mesa del televisor cayendo y recibiendo una herida en la entrepierna.

Otro día la directora de la escuela volvió a la casa. Esta vez Olivia se había causado una herida en la cabeza a causa de haber chocado con un niño en una barra de ejercicios mejor conocida como monkey bar. Como cada vez, Susana tuvo que ir a emergencias de un hospital.

Para que tengan una mejor idea les diré que no solo tenía accidentes frecuentes y se escapaba en la casa y en la escuela además agarraba las pertenencias de su madre y las regalaba a los vecinos, entre estas habia relojes, cintas de audio, perfumes y muchas cosas más. Aparte se antojaba de juguetes que luego dejaba afuera y obviamente desaparecian. Ella tenía la costumbre de gritar por cualquier cosa, hasta por querer amarrarse los zapatos y no poder gritaba como si la estuvieran agrediendo a ella.

Pues un día llegó un técnico de Servicios Sociales por una querella de abuso infantil debido a que un vecino no identificado alegaba que la niña gritaba casi todo el día. Ese día el pobre hombre no hizo más que sentarse y Olivia saltó sobre él y se le trepó en el cuello. No dejaba ni respirar a ese pobre hombre, al cual Susana le contó que ella tenía problemas de deficit de atención y algunas otras cosas de su conducta. El técnico anotó "sin fundamento" y coment[o que ya se dió cuenta de la conducta de Olivia. Nunca más volvió.

En realidad Susana pasó momentos muy dificiles de su vida por largos años. Metida en doctores de la salud mental con su hija y administrandole medicamentos.

Juaquín era muy buena persona, pero quien pagaba todos los gastos de la casa era Susana. El era mexicano. Un día Juaquín fué a la carcel por conducir en estado de enbriaguez y Susana al quedarse sola y sin saber que pasaría con él se fué a Puerto Rico su país natal teniendo 7 meses de embarazo, viajó en la greyhound desde el oeste de los Estados Unidos hasta Miami. El viaje duro 5 dias en los cuales a Susana se lo hincharon muchisimo los pies por estar demasiado tiempo sentada.

Olivia se pasaba haciendo regueros y gritando sin motivos y un conductor las amenazó con bajarlas del autobús cosa que le dijo al siguiente conductor, el cual le dijo que podía reportarlo, porque él no tenía que haber dicho eso y que ellos debian de estar acostumbrados a este tipo de situaciones, porque muchos pasajeros son niños. De allí tomaron un avión a Puerto Rico y Susana se fué a quedar en casa de su cuñada sin saber que recibiria una triste noticia. Ese día pasaron la noche hablando y cada vez que Susana preguntaba por su hermano menor esta le decía " al rato hablamos". Dieron las 4 de la madrugada y su cuñada le dijo que habian encontrado a su hermano muerto en unas escalinatas de un pueblo cercano. Era increible aunque a la vez probable, ya que él había sido un usuario de drogas y ya se había rumorado por allí años antes que lo estaban buscando por una deuda de droga. En fin, que aparentemente lo mataron pero siempre se las ingenian para que en el certificado de autopsia aparezca que murió de una sobredosis de droga. Fué algo inesperado para Susana.

En fín que llegó el día de su parto y fué a dar a luz una semana después de lo previsto naciendo su hija precisamente para el día en que su hermano difunto debía haber cumplido años. Que cosas tiene la vida. Susana pasó en su pais 7 meses y su hija ya tenía 5 meses cuando volvió a los Estados Unidos. De todos modos Susana debía irse de la casa de su cuñada debido a que recibía los beneficios del plan 8 y ella no debía tener a nadie más en su casa.

Como siempre Susana terminó viajando. Volvio a estar con Juaquín, pero esta vez en un apartamento donde vivía Juaquín con un amigo que a su vez vivía con una americana a la que todo le molestaba.Si Susana usaba el micro ondas para calentar la leche de la bebé ella se lamentaba, si prendía la luz también se lamentaba y se pasaba dandole las quejas al amigo de Juaquín.

La vida allí era isoportable y para que esa mujer no se siguiera quejando, Susana pasaba los dias metida en el cuarto con sus hijas y trataba de no hacer ruido. La ansiedad que le causaba a Susana esa mujer y ella que no podía soportar la prepotencia de ella, volvió a irse.

Así era la vida de Susana yendo de un lado a otro por falta de apoyo y de un lugar seguro donde vivir. Porque aunque tuvo varias parejas, nunca tuvo realmente a alguien que de verdad estuviera allí cuando ella necesitaba. Nunca sintió ese amor que tanto buscó y solo encontraba falta de atención. Siempre tuvo que luchar sola realmente y siempre que necesitaba de alguien no había nadie. Se lamentaba de no tener una casa propia y lo suficiente para no tener que depender de nadie. No crean que no hizo lo posible por salir adelante. A pesar de su falta de apoyo ella estudió en varias ocaciones pero siempre se quedaba a mitad de los cursos por falta de fondos. Lo de siempre, dinero que siempre soluciona todo, pero los pobres como ella nunca podian terminar lo que empezaban.

Pues volvamos a Juaquín. Susana se fué de nuevo debido a los problemas que tenía en esa casa. Pero en su país volvio a sentir que vivía de arimada en casa de su familia, tampoco se sentía a gusto allí y se comunicaba con Juaquín por teléfono hasta que volvió a irse con el de nuevo, pero alquiló otro apartamento.

Al cabo de unos meses Susana estaba de nuevo embarazada y así volvió a dar a luz a otra niña. Todo andaba normal y aburrido hasta que un día ella decidió volver de nuevo a su país. Allí estaba con su hija mayor, la que le sigue (con problemas de hiperactividad y deficit de atención), la de dos años y la bebé de 1 mes.

Se sentía encerrada en ese apartamento, sola con las niñas todo el día y con una rutina de hacer los quehaceres y todo igual siempre, sin salir a ningun lado a menos que fuese necesario. Se sentía deprimida y el clima frio y nevado de esa ciudad no ayudaba.

Se marchó cuando su hija menor cumplió los dos meses de edad. Fué a buscar casa para alquilar y las ayudas de comida y asistencia social. Con lo poco que recibía logró alquilar una pobre casita en un campo. Allí empezó de nuevo su infierno.

CAPITULO 9

Allí en esa casita de madera con piso de cemento y deteriorada pensó que podía empezar nuevamente de cero, pero aún la vida le deparaba aún mas situaciones infernales. Se pasaba lavando ropa a mano en las noches mientras todos dormian. Los dias eran muy aburridos sumida en la rutina. Todo empezó mas o menos normal. Solicitó la asistencia social y al ir la investigadora a sus vecinos estos le dijeron que ella vivía con un hombre cosa que no era cierta. Por poco se queda sin la ayuda por culpa de esos vecinos que le habian declarado la guerra gratuitamente, sin conocerla. Todo porque luego se entera de que del otro lado viven otros parientes y su casa quedaba allí como el jamón de un sandwish en el medio, pues ellos habian deseado comprar esta casa según el dueño, para seguir la pila de familiares en el mismo territorio, así como los indios. Mas adelante vivian otros familiares a quienes ni siquiera le hablaban. Incluyendo una mujer loca que vivía sola con su hijo y esposo a unos 100 metros de distancia y a la que le decian Wilma la loca.

Wilma la loca bebía mucho licor y tenía la mala costumbre de llamar al diablo a las seis de la mañana frente a la casa de Susana. Eso no era todo, también los vecinos tenian un perro que se llamaba Diablo y lo llamaban continuamente. El caso es que la vida allí llegó a ser un infierno total. Hasta tiraban piedras durante la noche sobre el techo de zinc de aquella casita. Para colmo Kasandra se enamoró del hijo de esta loca que también era un abusivo con las mujeres. Solo les diré que al final Kasandra se quedó viviendo en casa de esta loca con su hijo. Todo esto sucedió luego de que el Departamento de la familia removiera a todos los hijos de Susana y Kasandra se escapara de un hogar. Hay que ver como funciona este sistema que solo se basa en las palabras de testigos que nisiquiera te conocen y algunos ni te han visto y ni siquieran investigan bien los hechos. Alegan que vives en condiciones infraumanas porque vives en una casita pobre. O sea tienes que vivir bien comodo en una buena casa para que no te remuevan esos hijos por los que tanto has luchado practicamente sola en la vida. Para colmo le dan de pase a tu otra hija con una señora que salía en toalla a la sala de su casa y se sentaba de piernas abiertas, y cuyo marido se vestía detrás de un sillón con la niña mirando. La verdad estas personas estan del colmo. Por eso suceden tantas cosas hoy en día y sí, son esas personas que viven comodamente con sus hijos a las que no investigan y que algunos terminan matando o violando a sus propios hijos. El dinero hace y seguirá haciendo la diferencia para todo. Hoy en día, si tu casa es pequeña y tienes que acomodar un hijo contigo en tu habitacion hasta por eso te lo remueven. Hubieron alegaciones de que ella se la pasaba metiendo hombres en la casa cuando en realidad solo tenía la visita de un primo, aunque no entraré en detalles del caso para no perjudicar a otras personas. El caso es que Susana mandó una carta a la oficina del gobernador para que investigaran por qué si a ella le habian removido a sus hijas por supuesto maltrato, a estas personas que ni quedaban nada de ella, ni tenian licencia de hogar de crianza, ni nada le daban a esa niña los fines de semana (siendo que ellos estaban haciendo esas cosas en frente de la niña). Aparte de eso: ¿Como se llevan a una niña de 16 años a un hogar y esta se escapa y va a vivir con un muchacho adulto en casa de una loca? Finalmente dejaron de mandar allí la niña.

Susana recibió una carta en donde le decian que habiendo cumplido ella con el plan de servicios del departamento de la familia le devolverian sus hijos el día de la proxima vista (siete meses después de removidos) pero tenía que tener casa. claro, ella solicitó vivienda, pero si no tenía los niños no le daban casa, y si no tenia casa no le daban los niños. Así funciona este sistema de gobierno. Además debía llevarse su hija mayor que en lugar de salir de un hogar saldría de vivir en la casa de una loca con su hijo y de la cual una trabajadora social se pasaba llamando a Susana, para darle quejas del comportamiento de su hija y como la policia tenía que ir a aquella casa a cada rato por las peleas de ellos.¿ Suena ridiculo no? Que después de ellos haberla removido den quejas de la situación, pues sí, en esos momentos los encargados de ella eran ellos. También poco tiempo después Susana fué llamada a llevar a la hija que le sigue, a la pequeña de alrededor de 4 años para ese entonces, a entrevistarla para una investigacion administrativa del lugar donde estuvo al removerla. Susana nunca supo a que se debía pero obviamente hubo alguna iregularidad allí. En fín Susana recivió nuevamente a sus hijos, más debo contarles que hay algo más.

El padre de Susana quien se había casado con una mujer que fue paciente de esquizofrenia y la cual tenía dos hijas, había ofrecido que Susana se quedase en su casa para recibir a sus hijas y en lo que le daban su casa del plan 8. Pues esta señora tenía muñecos de peluche muy viejos y polvorientos colgados en clavos en las paredes de madera de la casa. Una trabajadora social que habia ido a verificar el lugar para ver si era seguro para las hijas de Susana, le indicó que deberia quitar esos muñecos de allí.

Al irse la trabajadora social esta señora a la cual llamaremos Emilin, comenzo a pelear verbalmente y amenazó con quemar la casa si la obligaban a quitar sus muñecos. Eso no era todo, también le robaba las muñecas a las hijas de Susana y los jeans de Susana, los cuales les veía puestos a las hijas de esa señora. Al ella preguntar por qué tenian puesta su ropa, Emilin comenzaba a pelear alegando que esa ropa era de sus hijas. La hija menor de ella llamada Emilin también, se ponía a correr alrededor del area y pisaba a propósito a Susana. En una ocasión tambien le cerró la puerta por fuera con un pestillo de madera y al ella no poder salir empujo la puerta y el pestillo cayó al piso. Pues Susana le dijo esto a su padre a lo que la señora empezó a pelear como siempre. Realmente era insoportable la vida allí.

Al fín le dieron su casa a Susana y esta comenzó a vivir, pero no tan en paz, porque ella nunca a sabido lo que es tener paz realmente. Allí su hija Olivia comenzo a hacer estragos. Pateaba la puerta de su cuarto, la cual rompió y hacía tremendos desastres de ropa, papeles , etc. Su cuarto parecía un vertedero. También se escapaba al vecindario y Susana pasaba horas buscandola. En una ocasión se escondio durante dos horas en un gavinete debajo del fregadero. Si le aguantaba la puerta para que no saliera agredía a Susana a patadas y mordidas, dejando sus piernas llenas de moretones. Tenía problemas en la escuela a la cual tenía que ir a diario, y un día se vió en la necesidad de hospitalizarla. Había agredido a una niña en la escuela haciendola sangrar por la nariz. Solo estuvo hospitalizada cinco dias y como quiera no fue de gran ayuda, pues seguía con su mal comportamiento.

Durante esos dias recibió la visita de una señora la cual tiene un hijo en la carcel en el Estado de Pensylvania. Ella fué a llevarle una carta del padre de Olivia. Estaba preso allá junto con el hijo de esa señora. Supuestamente había matado a alguien a punta de pistola y decía que había sido en defensa propia. ¿Quien puede creer los alegatos de un mentiroso nato? En primer lugar; ¿Para que cargaba un arma? Nadie carga un arma por puro chiste si no tiene la intencion de usarla. El que no tiene hecha no tiene sospecha. En fin que según, queria saber de su hija. De esta forma su hija empezó a comunicarse con él por medio de cartas. No sé si hizo bien, ya que él no podría ser un mal ejemplo. De todos modos Susana siempre pensó que el problema de ella de bipolaridad estaba relacionado a una herencia genetica de su padre. Su comportamiento era muy similar.

Susana se mudó a otra casa más cerca de lo que sus necesidades ameritaban, ya que a diario tenía que caminar bastante para ir a muchos lugares y ni tenía licencia de conducir y mucho menos un automovil. Allí se fué a quedar un primo lejano con el cual termino enredada y el cual tambien era muy mentiroso y también le gustaba apropiarse de algunas cositas ajenas. Tenía un arte para el teatro, que se inventaba cuentos y el mismo se los creía.

Un día apareció con una venda en una pierna y en efecto tuvo un pequeño accidente en el trabajo, pero no era para tanto. Susana observaba que cuando ella lo miraba caminaba muy mal y cuando él no sabía que ella lo estaba viendo caminaba perfectamente. Era una vergüenza cuando alguien le decía que él le había robado algo.

Para ese tiempo ella comenzó a estudiar la profesión de Guardia de seguridad en un colegio cercano. Logró terminar al menos este curso y obtener un diploma. También para este tiempo reapareció la familia de la hija de Rafael llamada Vecky. Su abuela se la había llevado de pequeña y sin consentimiento le había dado la niña a su padre, ese abusador que casi mata un día a Susana.

Pues la niña ya tenía la mente llena de cosas negativas de su madre. Incluso le habian dicho que su madre la habia regalado a su abuela. Eso si, no le habian dicho la clase de abusador que era su padre y tampoco que se supone no la llevaran con él. Sin embargo fue maltratada por el. Ella contó como su padre la empujaba para que cayera desde un segundo piso lleno de espuma de detergente en un piso resbaloso.

La personalidad de esa niña era muy rara. No queria comer nada que no fuese arroz blanco con ketshup o papas fritas, a menos que fuera comida de restaurants rápidos como los de hamburgers o pizza. Obviamente para eso Susana no contaba con recursos económicos. Tampoco iba a hacer arroz blanco todos los dias.

El caso es que esta niña le decía a la gente que su madre no le daba comida, siendo que ella no quería comer nada de lo que su madre cocinaba. Otra cosa era que se pasaba hablando con un niño que le regalaba paños y otras cosas con dibujos de planta de marihuana, cosa que a su madre no le gustaba.

Obviamente solo la llevaron con su madre por su mal comportamiento. Ella empezó a quejarse de que quería volver con su abuela, por supuesto la enviaron de vuelta. Al fín y al cabo estaba hecha a la imagen y semejanza de su padre y tenía mucho de su forma de ser. Por cuenta de esa niña Susana tuvo que hablar en un teléfono celular con ese ser repugnante del cual hubiera deseado no saber nada nunca más. Ya que la niña exigía y gastaba $80 que le enviaba su padre al mes en puras boberias. A ver si al menos enviaba algo para ayudar con los gastos de la casa. Obviamente había que pagar utilidades. Eso terminó mal, ya que Rafael amenazó con no mandar nada y que la que debía pagar pension era ella.

Algun día este ser repugnante pagara por todo lo que ha hecho. Al menos eso espera Susana escudandose en su fe en Dios y Jesucristo. Ese Dios del cual ella cree que de alguna manera la ayuda y que en sus peores momentos la ha rescatado aún de la muerte.

Fueron algunos otros hechos que también pasaron para ese tiempo de los cuales no escribo debido a que Susana no quiere encender el fuego que hay en las cenizas de nuevo y que tenga que incluir hechos que perjudican a personas a las cuales a perdonado.

Y me pregunto si realmente al perdonar también hay que olvidar, pues eso no es tan facil. Al menos no hay que haber olvidado para no mencionar algunos detalles de esta historia.

Pues les cuento que Susana terminó su relacion con ese hombre que era primo lejano. Cuando estuvo con él ya llevaba cinco años sola.

CAPITULO 10

Le presentaron a otro ser que ella pensaba que era super bueno, pero como siempre se dejó engañar.

Este hombre de nombre Luigy era otro mentiroso. Al pricipio le pintó todo color de rosa, como todos. Tal parece que Susana nunca iba a aprender. El tenía dos trabajos pero solo andaba planeando irse. Era un ser inestable de esos que no pueden permanecer en ningún lado.

El muy tonto se fué a los Estados Unidos sin siquiera despedirse. Susana salió de su trabajo y se encontró con que las pertenencias de él ya no estaban en la casa, para luego estar llamando por teléfono y queriendo volver a la casa. Estuvo como cuatros meses por allá y luego pidió a Susana ayuda para volver. Todo esto lo hizo porque además de deber pension alimentaria tenía una acusacion por conducir en estado de embriaguez. Todo lo resolvia huyendo. Pasaron cuatro dias desde que se fué hasta que llamó por teléfono. Cuatro meses después ya estaba de vuelta. Pasó poco tiempo y él con el miedo de ir a la carcel. Susana hizo el papel de tonta y dejando la casa se marchó con él y sus hijas a los Estados Unidos. Allí vivió tres años y medio, de los cuales estuvo unos meses en casa de su hija Kasandra, luego alquiló una casa movil con un dinero que recibió desde su país, era un bono de Navidad.Tambien amuebló todo con un dinero del income tax que le dieron ese año.

Entre una y otra cosa, él siendo una persona irresponsable que malgastaba el dinero en unos horribles muñecos de un juego de mesa que cuesta muy caro, pues se fué en varias ocasiones dejandola llena de deudas y problemas, al punto de que por poco se queda en la calle. Luego volvian y así. Volvieron a su país al cabo de los tres años y medio.

Susana se fue a casa de una prima, ya que no tenia lugar donde vivir. Pues el se iba a llamarla allá y ella en realidad no quería volver, pero el insistía y decía que iba a gritar y que se suicidaría y cosas así, chantajeando a Susana sentimentalmente.

Al final consiguió que ella le hiciera caso, y él consiguió una casa en muy mal estado, de madera. La casa tenía parte del piso roto y también goteras en la cocina. El baño era un caos en el que parecía que se iba a caer para abajo con todo y inodoro cada vez que hacía sus necesidades.

Era tan vago que hasta para coger algo que estaba practicamente al lado de él, llamaba a Susana, además se pasaba mandandola a hacer café o traerle leche o jugo. Ella parecia la esclava de él. En una ocasión se mudaron unas personas muy malvadas al piso de abajo y le hacian la vida de cuadritos a Susana. Incluso si ella ponía música bajito, ellos le ponian una música muy alta. Además se habian mudado bajo engaño por una mujer que decía ser sobrina del dueño de la casa y que solo había alquilado eso sin permiso, o sea fraudulentamente. El caso es que el dueño se enteró, pero los dejó allí diciendoles que siguieran pagando la renta pero a él. Aparte de eso iban al dueño de la casa a decir cosas que no eran ciertas, incluso decian que les ponian sobre nombres y los miraban mal. El problema era mucho peor. Incluso para que se fueran llamaron a servicios sociales a decir que Luigy abusaba de las niñas. Por supuesto que no era cierto y las niñas fueron entrevistadas negando todo.

Meses después se fueron. Llegando un señor alcoholico a vivir en esa area. Luigy pedía permiso para pasear en bicicleta todas las tardes, pero Susana nunca pensó que detrás de ese acto de bondad se escondia un acto repugnante. Tarde se enteró de que Luigy, el hombre con el que llevaba seis años y con quien se iba a casar, había tenido relaciones sexuales con su media hermana, hija de Emilin. Fue algo asqueroso. Esa media hermana que se vendía con personas de la tercera edad por dinero. Para colmo se dijo estar embarazada de Luigy. ?¡Que vergüenza! Aunque más adelante se supo que no era de él el bebé. Incluso es la misma cara de el esposo de una sobrina.

A la chica le gustaba acostarse con los maridos de sus familiares femeninas. ¡Que horror!

La verdad, el mundo se le cayó encima a Susana, esa que iba a la iglesia y quería ser totalmente digna. Por eso se pensaba casar desconociendo la barbaridad de que fué capaz Luigy y aún más su aparentemente retardada hermana, esa que para unas cosas parece bobita, pero que parece tener un enfermedad de incontinencia sexual. No importando de quien se trate.

Aunque Susana aún permanecía casada con Filiberto, ya había comenzado los trámites de divorcio y le habia pagado más de la mitad del costo al abogado. Pues ya no tenía caso. Todo se había derrumbado y Susana terminó su relación con Luigy.

Fue algo ridículo, cuando Susana fué a confrontar a su media hermana y esta le dijo, "Es que el me llamaba y me llamaba". Y que también le decía que Susana no quería tener sexo con él, cosa no cierta. Pero que ridicules.., ¿ Acaso le hizo un favor al pobresito al acostarse con él?

El se fué como huyendo nuevamente a Estados Unidos y ella se quedó allí con el mundo a punto de hundirse. Lo peor fué que aún desde los Estados Unidos seguía hostigando a Susana. Esta vez llamaba por teléfono día y noche, y al no lograr su cometido comenzó a hacer páginas de redes sociales falsas y también correos electrónicos.

Al Susana bloquear estas páginas optó por hacer un correo electrónico y enviarlo a Susana. En este correo le enviaba fotos de ella desnuda. Fotos que le tiró sin ella darse cuenta al salir del baño. Amenazaba con ponerlas en el internet si ella no contestaba sus mensajes.

Susana se sentía derrotada y optó por comunicarse con Filiberto que le ofreció su ayuda. La muy tonta se fué de nuevo, para que si Luigy aparecía no pudiera encontrarla y a la vez porque como siempre tan creída, pensó que Filiberto la quería ayudar de verdad y además se mostraba muy cariñoso.

Pero que metida de pata...,

A Filiberto solo le interesaba sacar su tarjeta de ciudadano americano, la que durante muchos años estuvo sin poder tener. Por eso al Susana contactarlo para que se divorciara de ella antes de ir a su abogado, no había hecho nada del divorcio como le dijo a ella.

Ahora estaba allí engañándola y ofreciéndole villas y castillas. Como era de esperarse Susana se fue a Estados Unidos. En el aeropuerto de su país pasó su primer chasco. Filiberto les dijo que las maletas estaban incluidas en el pasaje. Tuvieron que empezar a sacar pertenencias allí mismo porque no tenia dinero para pagar por tres maletas. Lo demás era equipaje de mano. Pues se tuvieron que desprender de ropa y otros valiosos objetos aún con valor sentimental. Eso no fue todo, también en uno de los Estados donde había que tomar otro avión hubo tormenta y el avión fue desviado en dos ocasiones. Tuvieron que dormir en un hotel y al otro día casi pierde la última maleta que le quedaba, pues la cambiaron de linea aérea y también tenía que volver a pagar la maleta. Al fin la encargada le permitió llevar su maleta.

Llegaron a su destino y allí estaba Filiberto en el aeropuerto. Las llevó a un hotel donde pasaron 8 días, para luego vivir en un apartamento. Allí dormían en colchón de aire. Luego Filiberto hostigaba a Susana para que consiguiera trabajo, como si ella tuviera carro y se supiera todos los caminos y lugares.

Compraba unos alimentos que no eran suficientes para las niñas y cuando Susana le hablaba de pedir ayuda para la comida se negaba a eso. El decia que eso le afectaría si pedía la residencia. Solo pensaba en él. Al final Susana solicitó por Internet. Siempre le pedía que la llevara a solicitar el medicad y él siempre decía que no podía debido al trabajo y sin embargo si tenía tiempo y dinero para un abogado de inmigración.

Susana tuvo problemas debido a que él nunca pagaba la renta completa y a tiempo, y un chino que era dueño de los apartamentos siempre la estaba amenazando con botarla de allí. Los servicios de agua, luz y gas logró pagarlos ella con un trabajo de algunas semanas en un hotel y otro también de poco tiempo en un restaurante de comida rápida. También con eso logró comprar los abrigos y botas de sus hijas, pues a él no le importaba si se morían de frio.

En una ocasión ella se vió a punto de ser echada y el idiota de Filiberto le decía solo que no tenía dinero para pagarla. Ella fue a pedir ayuda a la iglesia y allí le dieron un cheque para pagar. Se quedó pensando que eso no podía ocurrirle de nuevo, así que planeo irse a su país.

Por su parte Susana que acostumbraba escribir poemas, se metió a un concurso de poesía. No ganó pero sí le ofrecieron publicar su poema en un libro de compilaciones poéticas. Allí descubrió una pagina de poesía donde ponían poemas poetas de diversos países. Comenzó a poner poemas y escribir mas. Allí conoció a una Amiga de Cuba que vive en Miami, también a un poeta mexicano que luego de enamorarla por Internet y hablar todos los días con ella , se fue alejando porque le gusto mas una mujer que es de otro país y es una loba disfrazada de oveja.

De todos modos Susana no quiere entrar en detalles. Solo dirá que había confiado en este hombre al que luego le puso por nombre poeta abeja. Este la traicionó como casi todos.

Sin embargo su amiga la ayudó dándole ánimos y diciéndole que tiene talento. También la orientó a como publicar su libro y Susana publicó el libro de poemas en español y su traducción hecha por ella misma en inglés. Desde entonces se mantiene en contacto con esta amiga. Tiene su propia página de poesía y esta administrando varias paginas de amigos de diferentes países.

Fué una gran alegría dentro de todo lo malo poder realizar su libro.

CAPITULO 11

Llegó a Puerto Rico. Al llegar allá fue a saludar al viejo alcohólico que vivía en los bajos de donde ella vivió, y él, que ya vivía arriba le ofreció su casa. Susana nunca tuvo problemas con él antes de irse, Ahora que se sentía dueño y señor del lugar había engañado a Susana para que fuese a vivir allí y él estar allí metido casi todo el día.

El había dicho que ella no tendría que pagar nada allí, pero terminó pagando la mitad de la renta y la luz que usaban tanto él como ella. Aparte de eso ese viejo se ponía como loco cuando bebía y la hostigaba hablándole cosas sexuales. Aún decía que quemaría la casa y otras barbaridades.

Ese viejo a quien le decían Teti era todo un demonio, que lograba poner a Susana al borde de la desesperación. Para colmo también llevaba borrachos allí y hasta se había puesto a decir que Susana vivía con él. ¿Quien rayos seria capaz de vivir con un ser tan repugnante y mal oliente? Su olor a licor llenaba todo el lugar.

Susana también tenia a su hija Olivia embarazada en la casa, ya que había salido de sus estudios y el padre de su bebé era un total irresponsable. Al nacer el bebé, Susana tuvo que pedir ayuda a su padre para que le brindara asilo a Olivia y su bebé mientras ella encontraba un lugar mejor.

Pues llego otra persona al rescate, como siempre ofreciéndose a ayudar. Ferdinan, un conocido de la familia les ofreció dos cuartos vacíos de su casa. Claramente Susana le dijo que era para todas incluyendo a Olivia.

Como siempre los primeros días todo bien, pero luego ya eran estorbos. Son muchas las cosas que Susana a tenido que soportar en la vida y cada vez que parece que todo esta bien suceden nuevas cosas.

Ya se mudó de casa. Ahora esta viviendo en una especie de zotano donde el total de ventanas son tres pequeñas, solo hay una puerta y la salita es más pequeña que los dos cuartos sin closet que hay. La incomodidad es grande, pues Susana vive con sus tres hijas y su nieta. En un solo cuarto está acomodada una cuna y una cama Allí duermen Susana, la bebé y Olivia.

Olivia tiene toda la casa llena de paquetes y cosas de ella y la bebé. Apenas hay espacio para pasar. Tiene cosas en la sala, en la cocina, en el cuarto y en el baño. La casa parece un almacén. No conforme con eso Olivia sigue almacenando cosas que ni usa. Tiene 4 coches de bebé, dos sillas y muchas bolsas y bultos.

Susana ahora ha sido entrevistada en 2 diferentes emisoras de radio internacionales, siendo reconocida y felicitada fuera de su país, donde ni siquiera a podido presentar su libro por falta de dinero para comprar libros y poder hacer su presentación. Aquí ha hecho varias gestiones pero aún no han rendido frutos. Tiene mucho trabajo en la red y pertenece a dos uniones diferentes y una sociedad de poetas y escritores.

Mientras se alegra por su popularidad fuera y sus triunfos, se entristece porque siempre surge algo que le trae obstáculos. Todo su problema es familiar y económico. Aparte a tenido que defender verbalmente a sus hijas de un depravado alcoholizado vecino que vino a insultarla en el propio patio de la casa. Este señor alegaba que la hija de Susana había hecho cosas indebidas con su novio a la intemperie. Todo esto en un asiento de carro que había amarrado a un árbol antes de que viviera alguien aquí. Era como si se sintiera dueño y señor de todo.

Pero Susana lo insultó y defendió a su hija. Este señor mandó a quitar su mugroso sillón de carro. Por algunos días estuvo tratando de molestar a Susana hablando estupideces en voz alta cada vez que ella pasaba cerca de allí. Lo que él no sabe es que su ex ya le había contado a Susana de lo malvado que era este señor, que más bien parece pedófilo. Tan es así que hasta le dijo a las niñas que las velaba todas las noches desde su casa. ¿ Con que intención o derecho? Susana cree que esta loco, tal vez por el alcohol. También se enteró que este señor había ido a prisión por abuso de genero contra su ex. ¡Que joyita!

De todos modos a Susana, ya no le extraña nada. A vivido demasiadas injusticias. Es triste pero con tantos problemas ya le urge que su hija Olivia se independice y se mude aparte.

Susana tiene un perro que crió desde pequeño que es muy celoso. Ella lo vé como parte de la familia. Este perro si, que le demuestra amor a Susana. A veces los animales son mas racionales que los humanos.

Su hija menor Tania está en el penúltimo grado de Escuela Superior. Ha tenido sus altas y bajas, pero es muy inteligente y ya en poco tiempo terminará la Escuela Superior.

Su otra hija que se llama Susana igual que ella, ya salió de la escuela superior y está gestionando para irse a la Guardia Nacional.

Su hija Olivia está estudiando y actualmente vive con Susana a la espera de una vivienda.

Kasandra está casada y tiene dos niños, reside en Estados Unidos.

Su hijo Cesar no tiene comunicación con su madre en la actualidad, ha sido educado por otras personas. Aún así Susana espera que ël algún día comprenda la realidad pasada.

Su hija Vecky no la quiere como madre, habiendo sido envenenada por su familia paterna.

Un día hace pocas semanas atrás una de sus hijas le dijo algo a Susana que la hirió y esta se fué a la calle a caminar. No había luz ese día. Caminando por la calle Susana vio pararse un automóvil y este hombre que lo conducía le preguntó que si le podía ayudar en algo.

A Susana le pareció muy confiable y comenzó a hablar con él desde afuera del auto. Luego le dijo que la llevara a dar una vuelta para hablar. Se sintió tan bien con este señor, que era como si lo conociera de toda la vida. El incluso ayudó a Susana con un problema de gastos de utilidades.

Susana se enteró de que era bipolar, pero no lo parecía y a ella no le importó eso. Solo sabía que se sentía a gusto con él. Lamentablemente Susana se enamoró de él. Ella nunca a tenido suerte en el amor. Gran error, él se tenia que marchar en par de días a EUA. Con todo y eso se comunicaban todos los días y ella sentía que al menos tenía a alguien. Pues adivinen..., cortó la comunicación de la noche a la mañana sin explicaciones. Susana se sintió despreciada, engañada y llegó a la conclusión de que nunca debió de volver a confiar en un hombre. Tristemente pensaba que él volvió con su ex esposa al llegar a EUA y ella salio sobrando. Piensa en él todos los días y nunca dio una explicación de por qué no quiere hablar con ella. El menciona al hijo pero Susana más bien piensa que el solo la utilizó y que volvió con su ex.

Susana sigue enviándole mensajes que el nunca contesta. La vida es muy cruel e injusta. Ojala se olvide de él muy pronto para que así no sufra tanto. Otra gran desilusión a la vida de Susana.

Como siempre, la vida se empeñaba en seguir atormentándola. Ella veía su foto a todas horas. Que triste se sentía ahora, cuando por fin pensaba que había encontrado al hombre de su vida. Allí quedaba sola de nuevo, sin poder conversar con él. Hacía llamadas que no contestaba él y que ni los mensajes le respondía.

Así era la vida de Susana, cuando se ilusionaba la desilusión venía detrás de inmediato. Era como si la lanzaran para arriba y luego la dejaran caer. Sus recuerdos se quedaron para siempre plasmados en su memoria. Ahora el problema era como sacarlo de su corazón, era como si la dejaran caer. Desilusionada y todo aún no puede dejar de pensar en este hombre. Sus hermosos ojos verdes

Finalmente Susana se fue cansando de ver como siempre era engañada, ilusionada y decidió que ya era hora de dejar de confiar en los hombres, bueno en todas las personas o por lo menos la mayoría. No vale la pena sufrir por quien no te valora. Así que decidió que esto sería otro motivo para hacerse fuerte. Que sea lo que Dios quiera. Al final solo Dios sabe por qué hace las cosas. Ha decidido no sufrir más. Cada sufrimiento la iba haciendo más fuerte. Al fin y al cabo ya nada le extrañaba de su vida. Ya era hora de convertir ese infierno en paraíso y sacar de dentro todo el mal que le han causado, y que mejor que contar su historia, claro que al saber perdonar se quedan partes de su historia al margen para evitar dañar a los que realmente han mostrado arrepentimiento,

Al final solo Dios tiene derecho de juzgar y la venganza es de Dios y en sus manos la estaba dejando. Se quedó sin entender por que las personas son así, tan fáciles para mentir engañar y herir a otros. Allí queda ella con la esperanza de que Dios se encargará de los malvados. Ella sabe que no es perfecta y que ha cometido grandes errores, pero también sabe que ha sido buena con muchas personas, incluso con quienes le han causado daño.

A la única que no a podido perdonar es a su media hermana, aquella a la que no le importó acostarse con su propio cuñado y luego decir que iba a ser madre de un hijo de él, cosa que sabía que no era cierta, ya que él se había protegido con preservativos, Al final ella sigue alegando sus mentiras, pero la evidencia salta a la vista, cuando su hijo es casi idéntico a los hijos de su sobrina, los cuales son la misma cara de su padre. De este hombre al cual podría llamar sobrino por ser esposo de una sobrina, Susana tuvo conocimiento de que ella misma confesó que había tenido relaciones con él. Que horrible que no haya respetado los esposos de sobrina y hermana, además de acostarse con hombres mayores por dinero.

También supo que había estado un día completo en un cuarto alquilado con uno de esos que aparecen en la lista de los ofensores sexuales. ¡Que Horror!

Susana siente vergüenza ajena y cree que aún con su buena fe nunca podrá perdonar a este engendro del mal. A quien solo le interesa el dinero y satisfacer sus bajos instintos sexuales recurriendo a familiares, ¡Que asco!

Les diré quien es realmente Susana. Ella es la persona que ha pasado por mas humillaciones en la vida, la que ha pasado por muchas injusticias, la que nunca ha tenido apoyo de nadie, la que ha tenido que dejar la vergüenza de lado para pedir por sus hijas, esa que tanto a sufrido y sigue aún sufriendo porque su infierno no se acaba, la que quiso cambiar su historia, esa soy yo. Si, la misma que escribe esta historia la que cambió los nombres de sus personajes. Susana es el nombre con que me llamaba mi abuelo.

Soy sensible y estoy aprendiendo a apreciar más las cosas bellas de la vida, que las malas. Hoy me doy cuenta que Dios siempre ha tenido un propósito en mi vida. Me ha hecho cada vez mas fuerte. Me ha librado muchas veces de la muerte. Me ha dicho en sueños que no estoy sola, porque Jesús está allí conmigo y así lo siento. Miro más la naturaleza y las creaciones de Dios y me doy cuenta que mi mayor tesoro es lo que aún puedo ver. Tengo grandes amigos a la distancia, es como Dios: no lo veo pero allí está. Por fin estoy aprendiendo a diferenciar a las personas buenas de las malvadas. Dios me ha dado una gran enseñanza de vida y ha forjado mi carácter único y especial. Vencí la fobia Social y soy sensible, pero muy fuerte. Por último aquí les dejo este poema.

NIÑA ABANDONADA

Metida bajo la cama
una niña se escondía,
maltratada por la vida,
le faltaba una sonrisa.

Tuvo que crecer a prisa
para poder liberar,
de los golpes que la vida
le había comenzado a dar.

Y tuvo fobia social,
le robaron la confianza,
quien la debía apoyar,
la dejaba abandonada.

No sabía lo que era amar,
porque nunca le enseñaron
y el corazón le dejaron
partido por la mitad.

El tiempo hizo de las suyas
y se pudo superar,
pero aún le quedan heridas
que no acaban de sanar.

Y Dios la hizo soñar
y le puso unas curitas,
por si se abre su herida
no le comience a sangrar.

Y aprendiendo a perdonar,
aunque la tarea no es fácil,
por más que trate de hacerlo
nunca lo podrá olvidar.

Las heridas quedaran
y Dios seguirá mandando,
su ángel que la acompaña
y la enseñará a volar.

BIOGRAFIA

Sandra Lizette Lugo, nació en abana Grande, P.R el 15 de octubre de 1963.Estudio en la Escuela Superior Blanca Malaret. Estudio Seguridad en la Academia Serrant y también estudio Justicia Criminal en South University online. Ha publicado un libro titulado CAMINANDO POR LA VIDA y su versión en Ingles, WALKING THROUGH LIFE Ambos libros son de poesía. Escribió su primer poema a los 10 años de edad. Actualmente administra una pagina de la UMECEP (Unión Mundial de Escritores por la Cultura, la Ecología y la Paz) y Libros, panoramas y difusión cultural de radio Satélite y Americavision Tiene su propia pagina de poesías. Es miembro de la UHE (Unión Hispano mundial de Escritores) y también de la Sociedad Iberoamericana de Escritores. Actualmente tiene también la administración de varios grupos de poesía de varios amigos poetas en la red.

www.ingramcontent.com/pod-product-compliance
Ingram Content Group UK Ltd.
Pitfield, Milton Keynes, MK11 3LW, UK
UKHW041921190726
13854UKWH00003B/1364

9 781329 684980